bot 뼈	Turkije 터키
vriend 친구	speelplaats 운동장

springen 도약	**busje** 봉고차
kip 암탉	**lezen** 독서

auto	zes

차	육

omhelzing	paraplu
	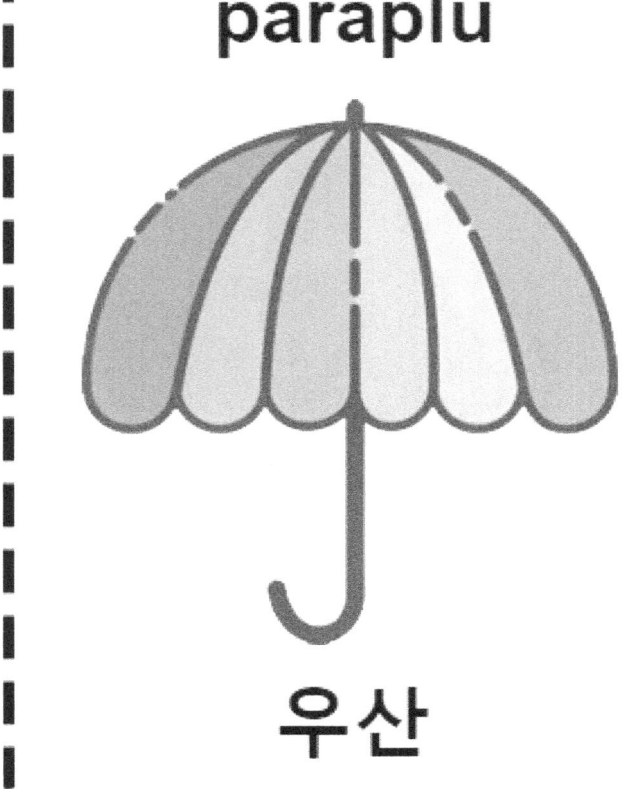
포옹	우산

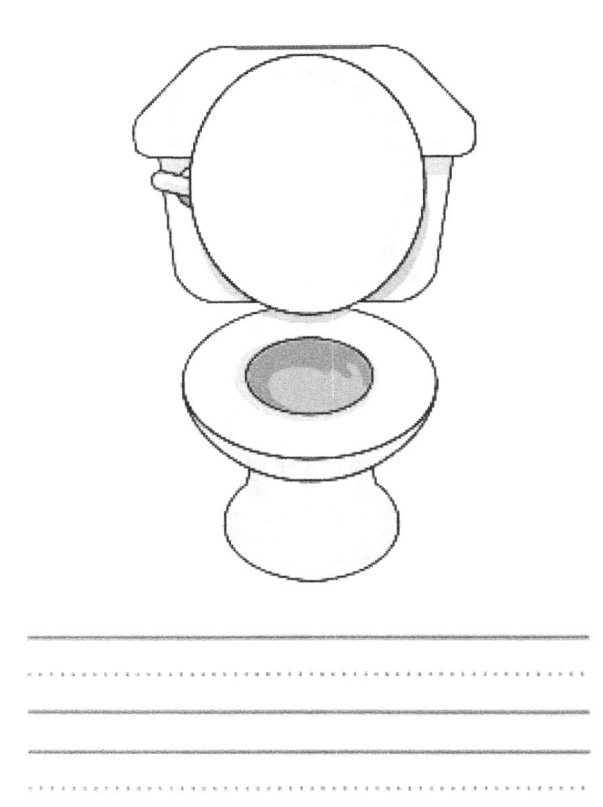

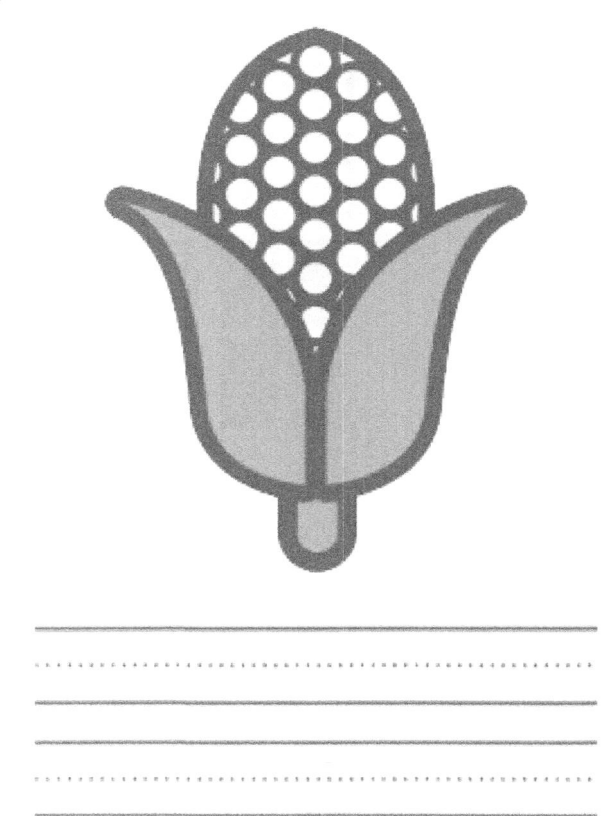

brand	toilet
	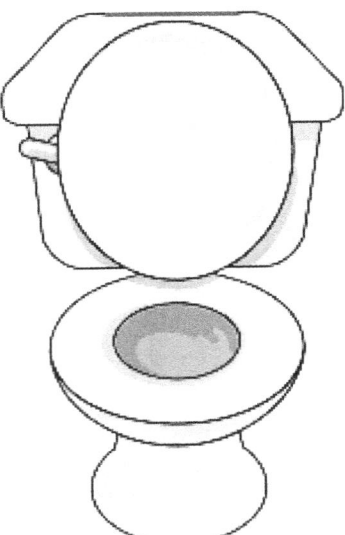
불	화장실
nacht	maïs

밤	옥수수

winnen	rennen
승리	운영 |//
jam	viool
잼	바이올린

pan 팬	**huilen** 울음 소리
deur- 문	**dierentuin** 동물원

xylofoon	broer
목금	 동료
wiskunde	been
 수학	 다리

slak

달팽이

voetbal

축구

schrift

쓰기

varken

돼지

koffer  여행 가방	school-  학교
eten  먹다	Octopus  문어

....
....
....
....

....
....
....
....

....
....
....
....

....
....
....
....

huiswerk	hond
숙제	개

klok	Vaarwel
벨	안녕

slaapkamer  침실	tandenborstel 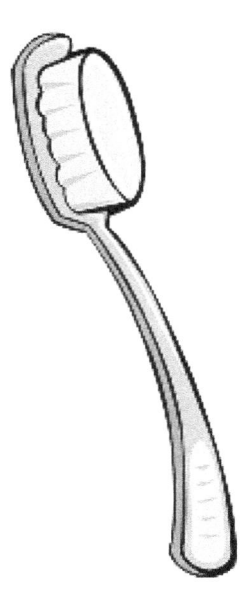 칫솔
kruik  조끼	lach  웃음

olifant

코끼리

watermeloen

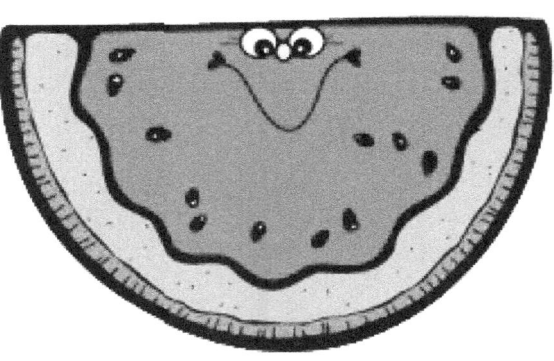

수박

moeder

어머니

hert

사슴

bloem	piano
꽃	피아노
bus	zeven
버스	일곱

kangoeroe	vader
캥거루	아버지

citroen	spelen
레몬	놀이

koningin 퀸	**tijger**  호랑이
kip  치킨	**vogel**  새

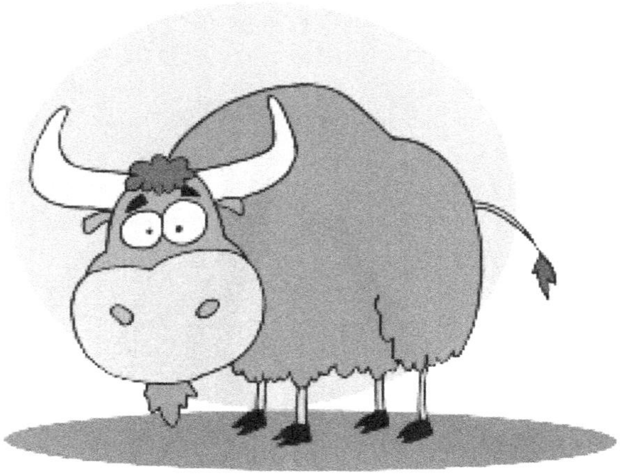

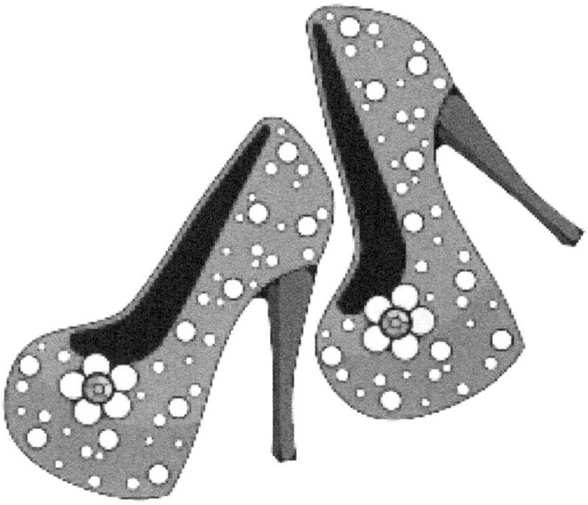

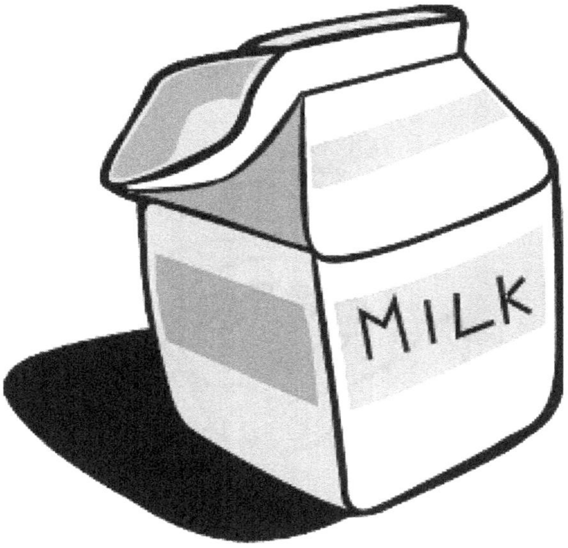
MILK

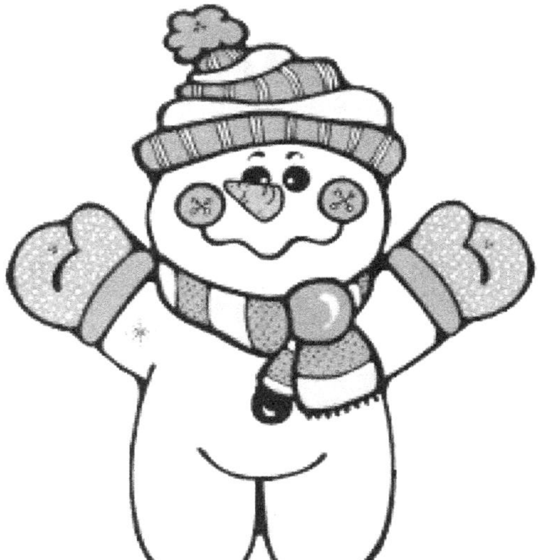

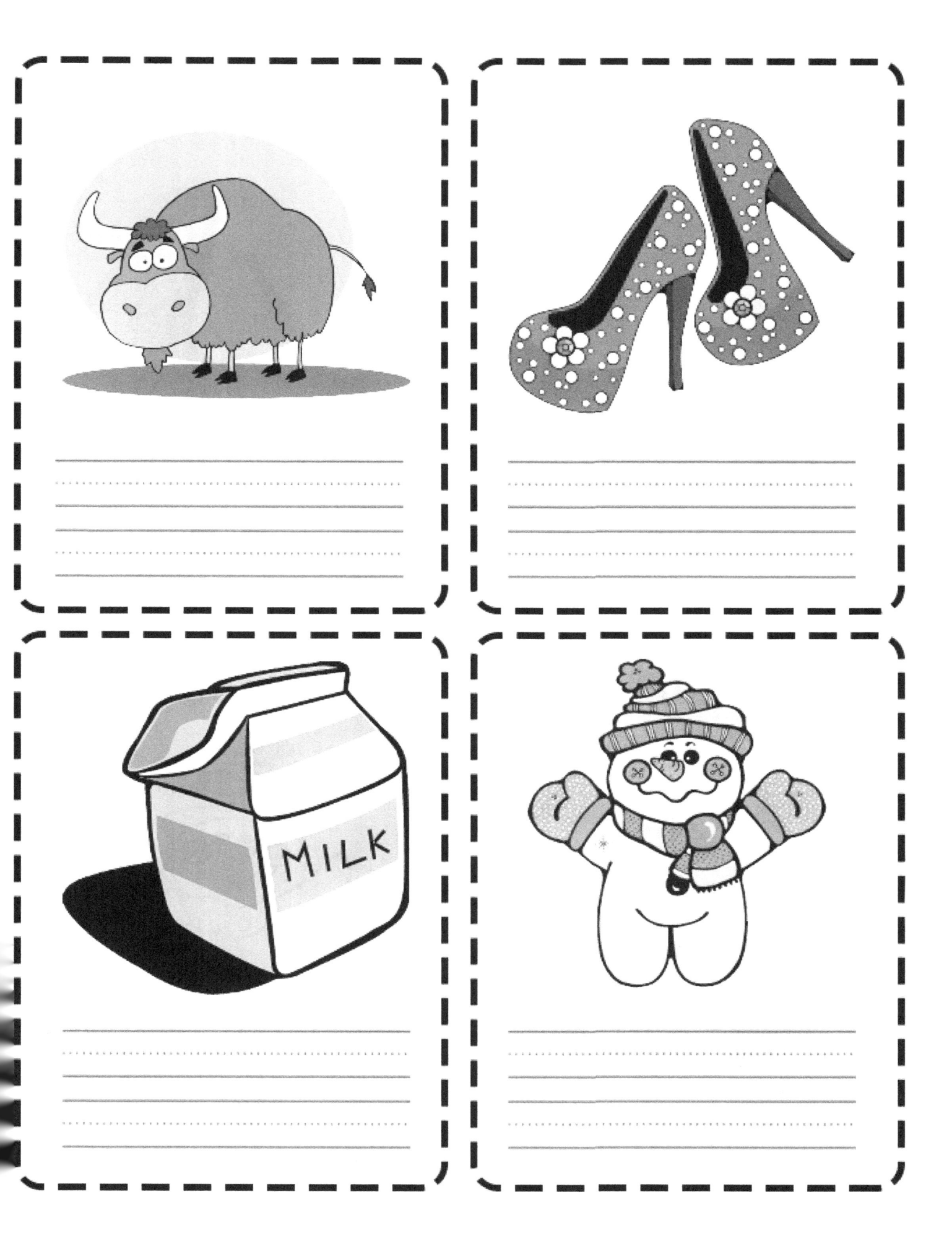

jak	schoen
야크	구두

melk	sneeuw
우유	눈

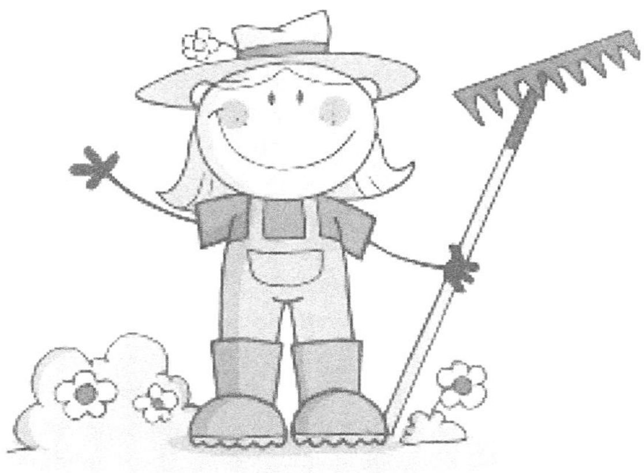

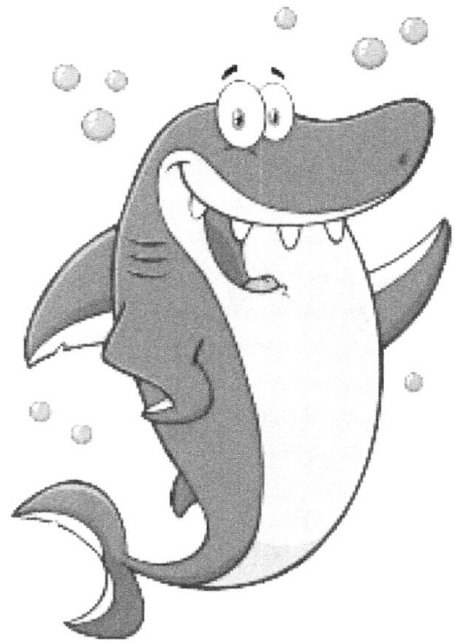

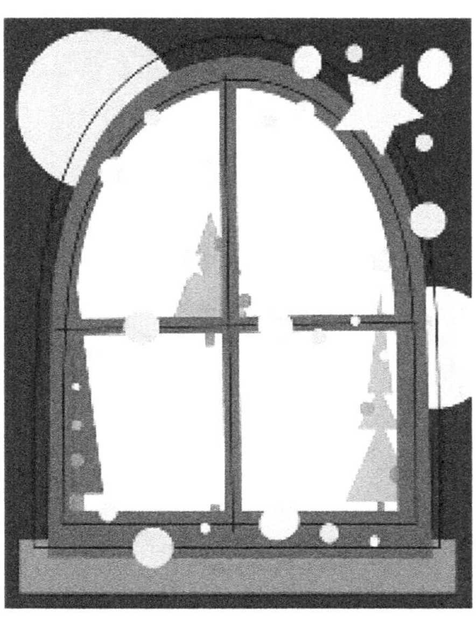

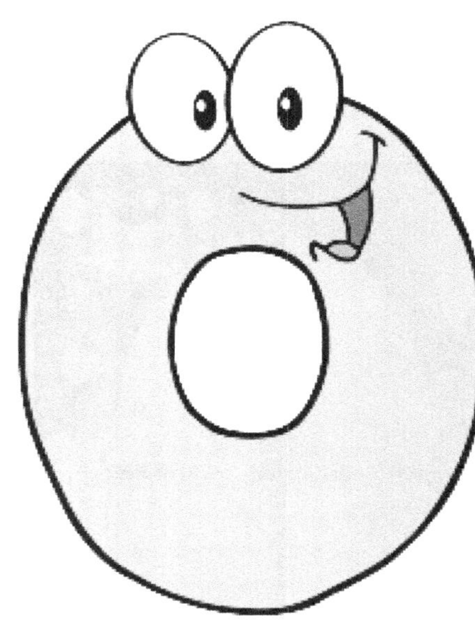

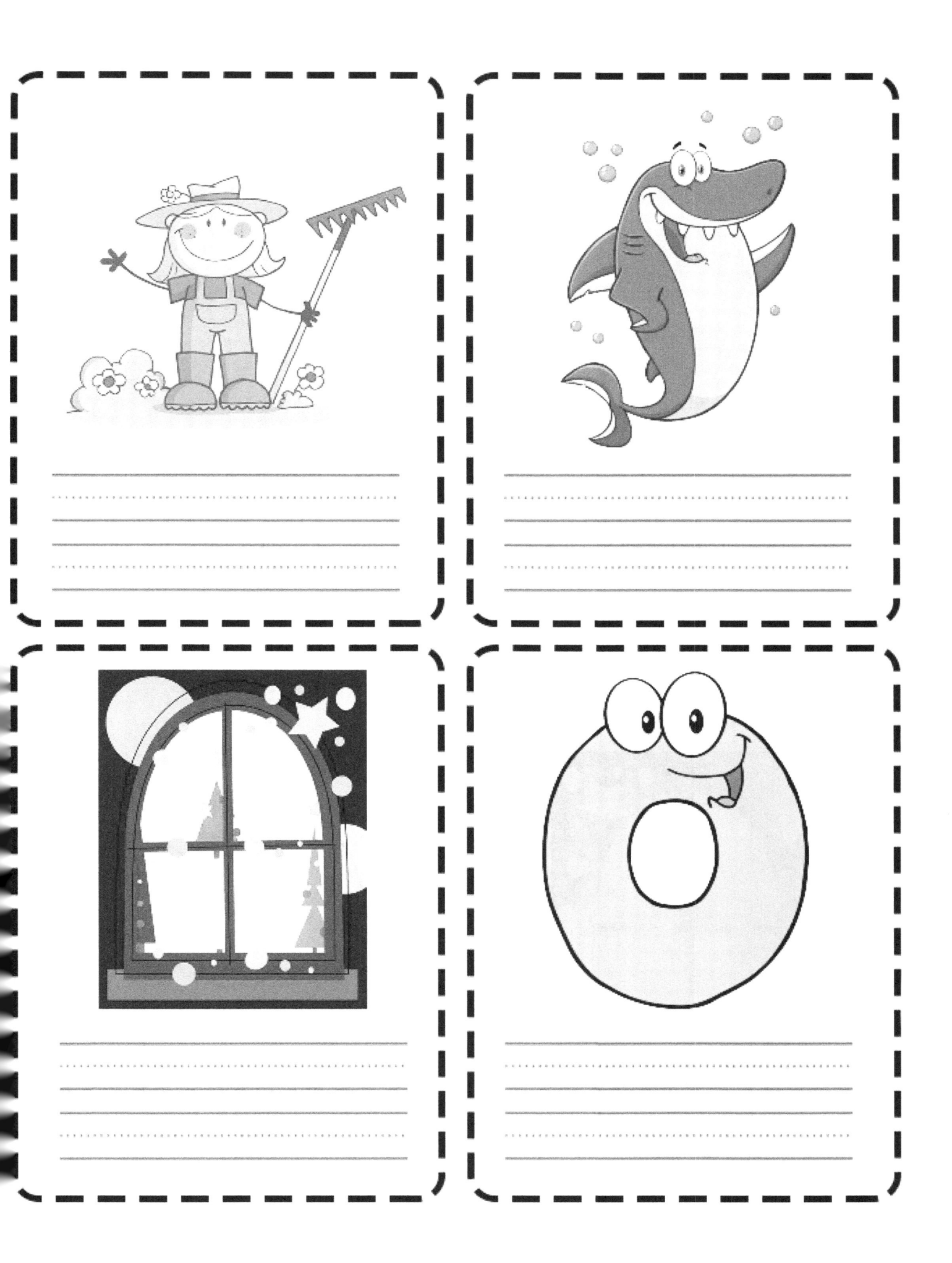

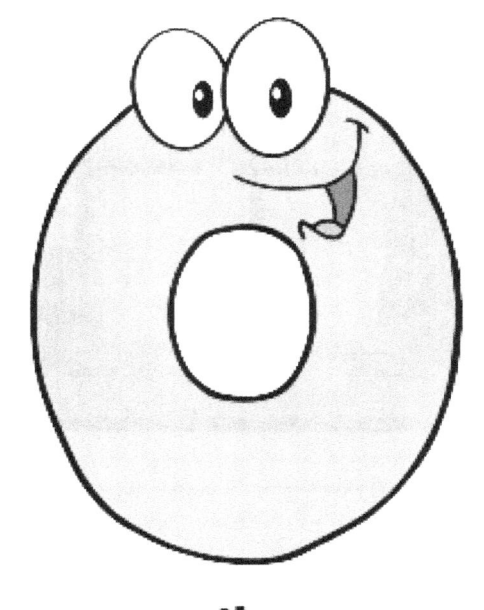

boer 농장주	haai 상어
venster 창문	nul 제로

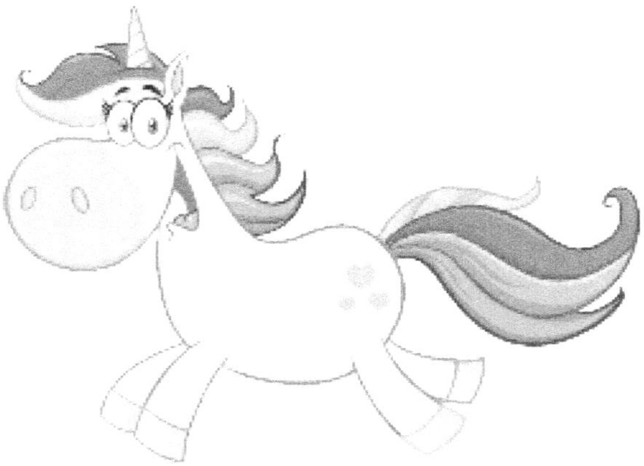

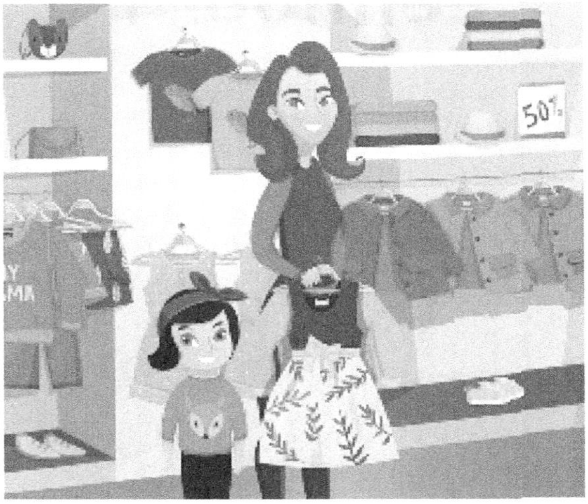
50%

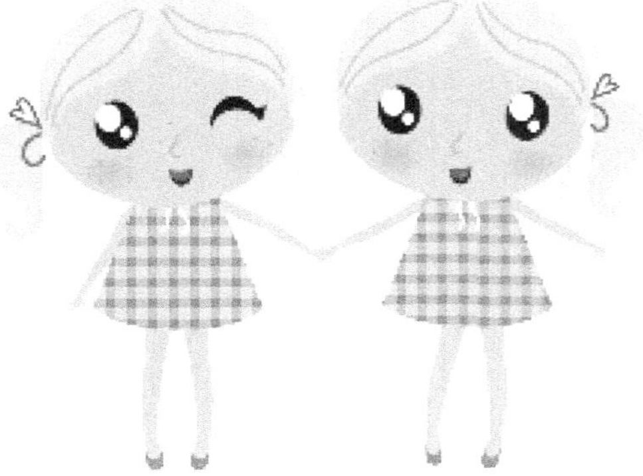

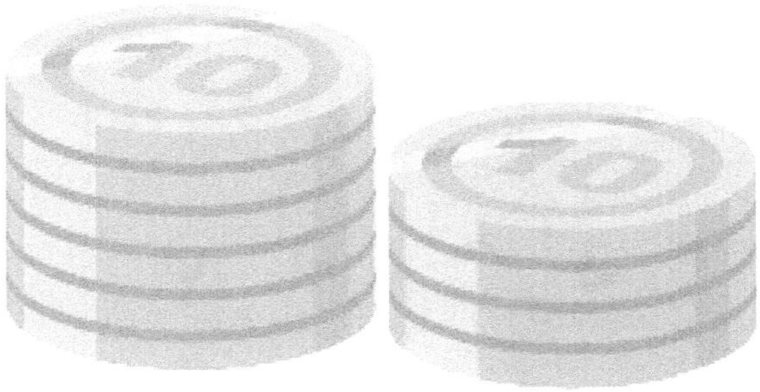
10
10

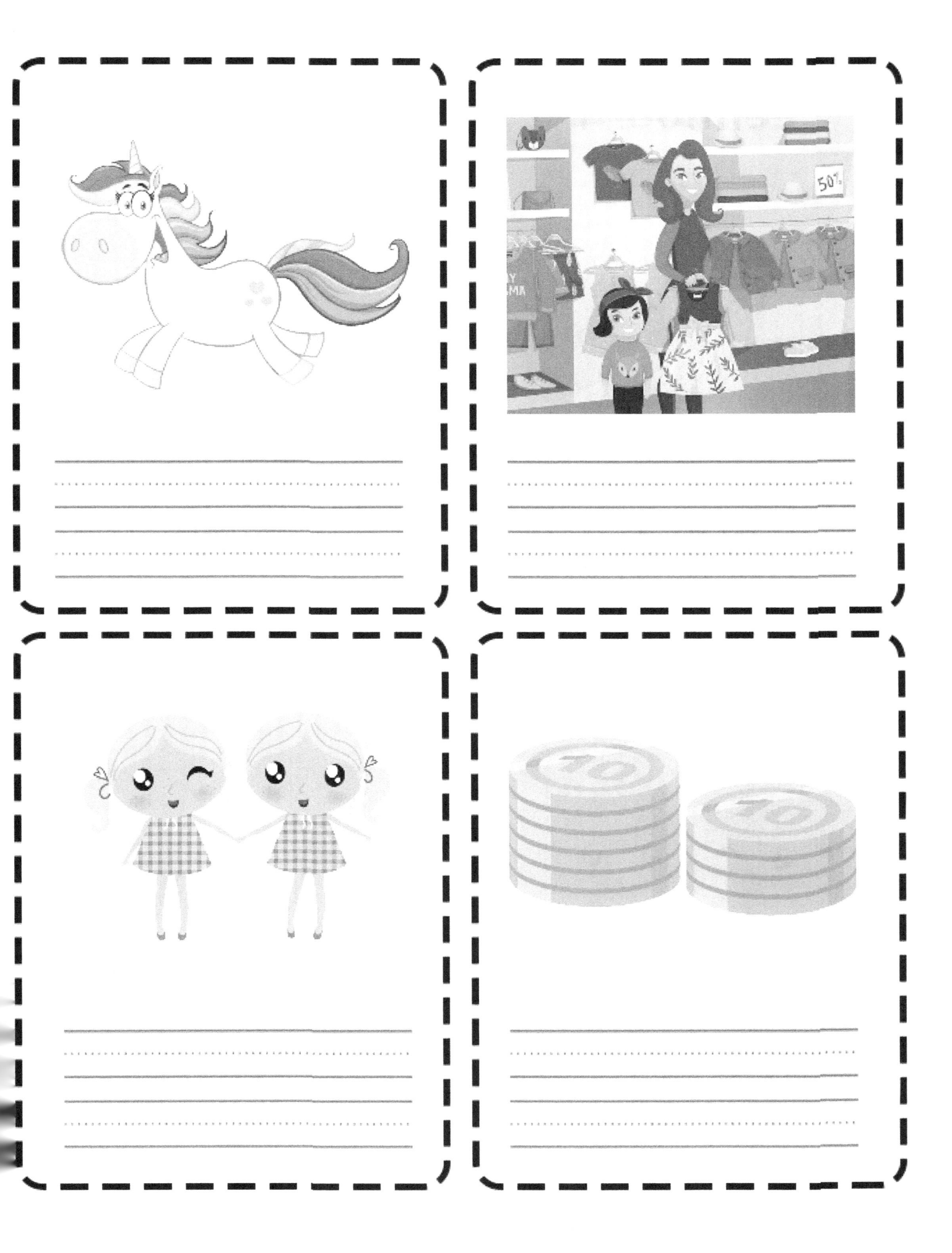

eenhoorn 일각수	boodschappen doen 쇼핑
zus 여자 형제	geld 돈

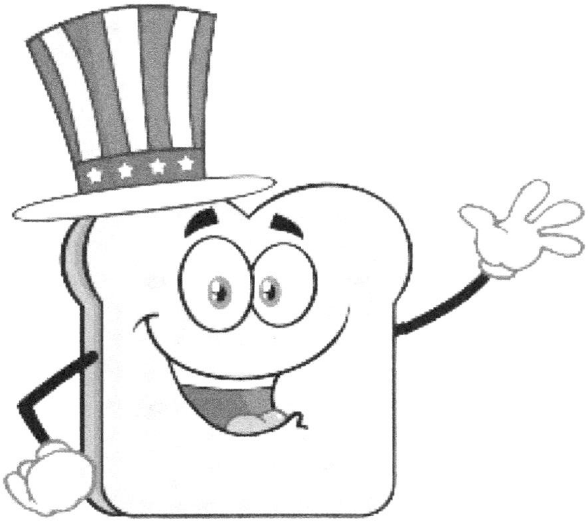

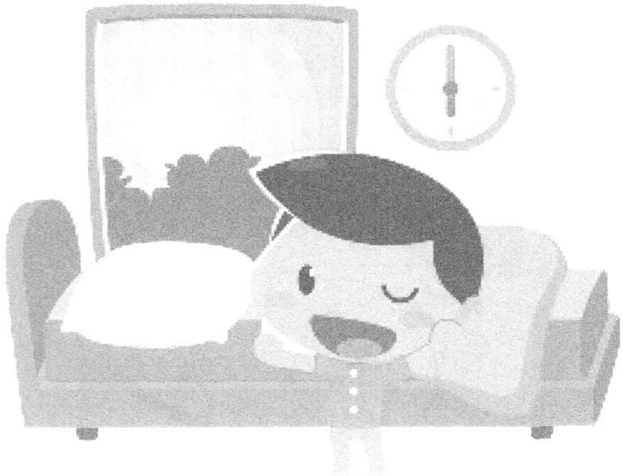

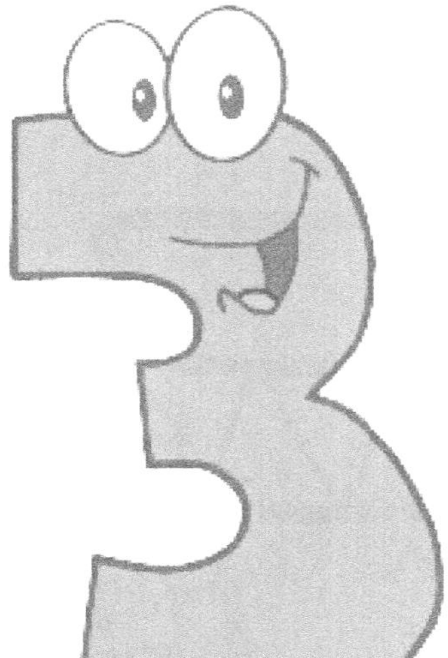

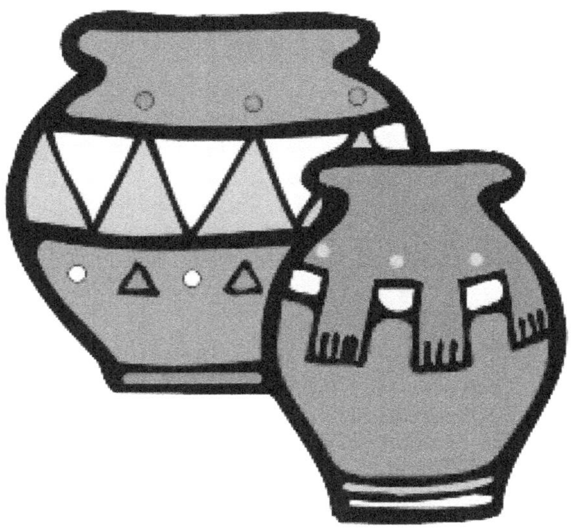

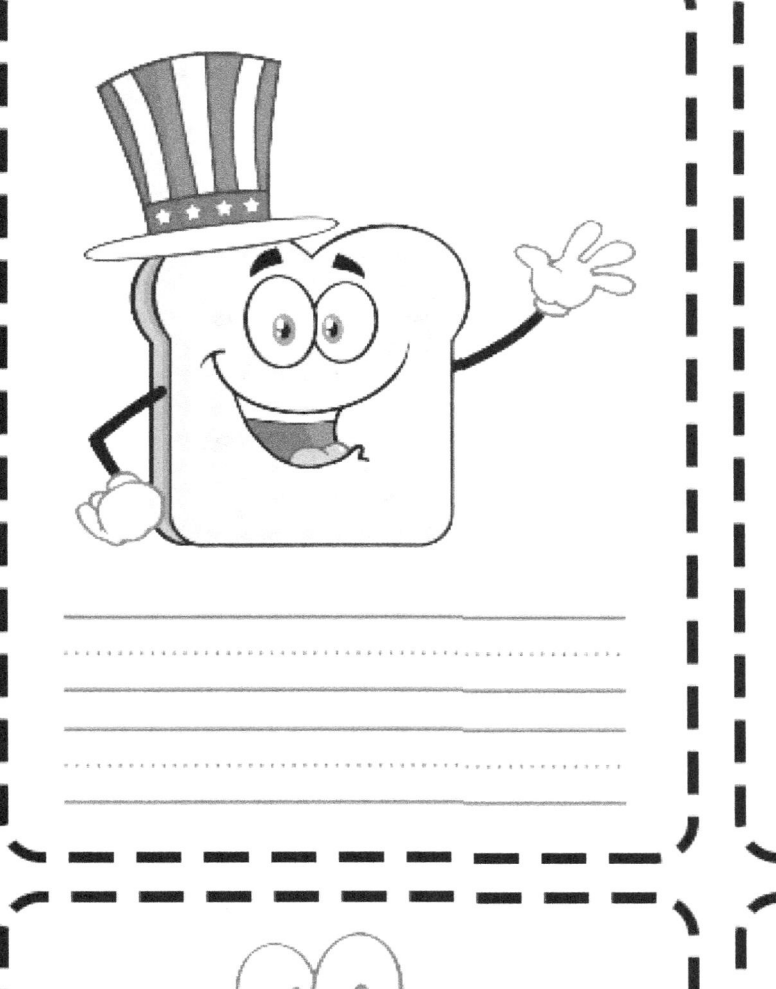

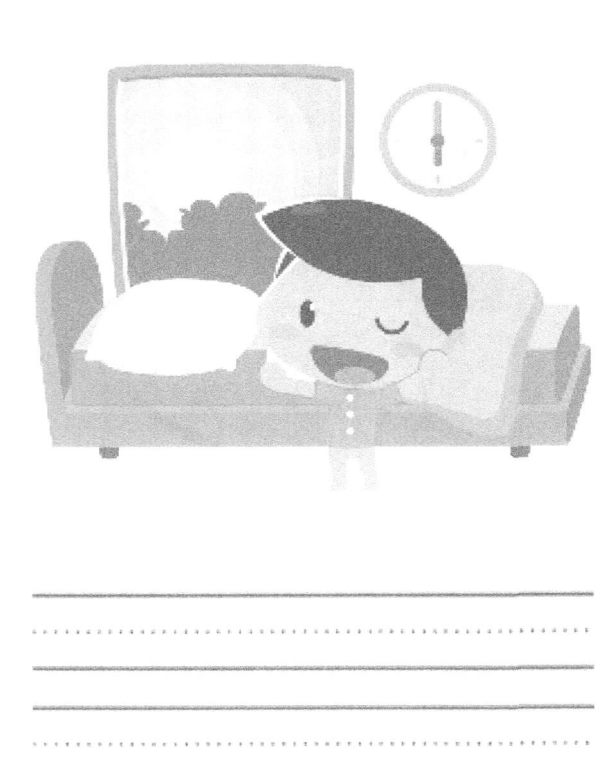

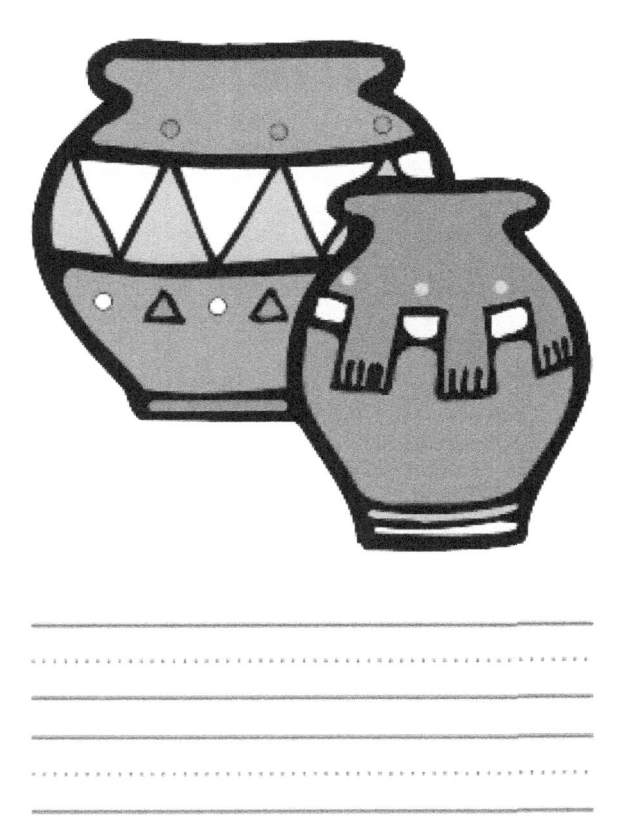

brood 빵	**wakker worden** 일어나
drie 세	**vaas** 병 장식

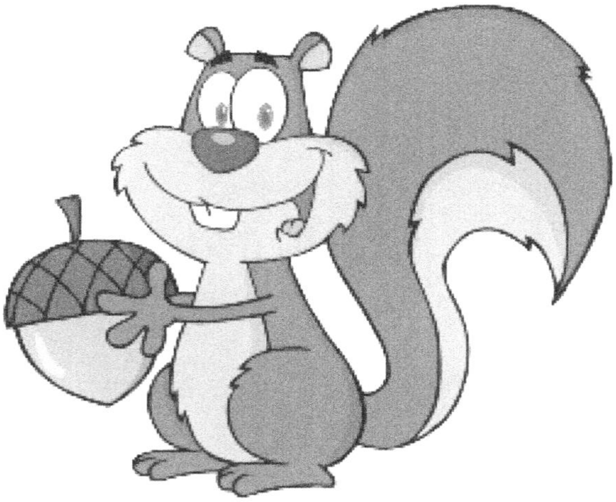

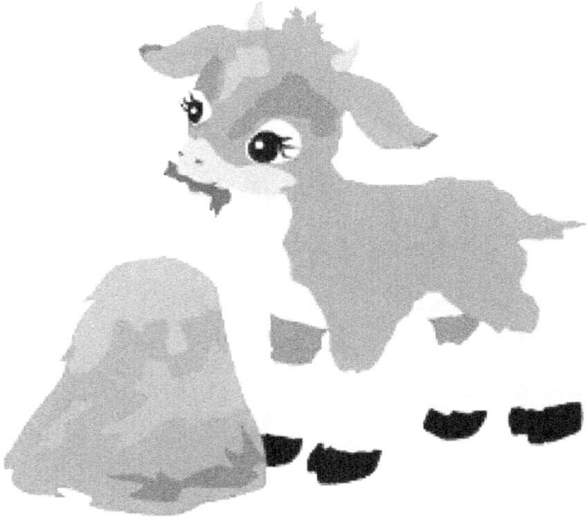

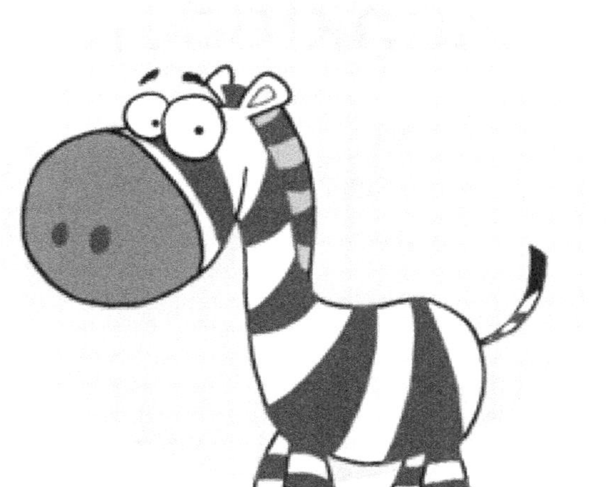

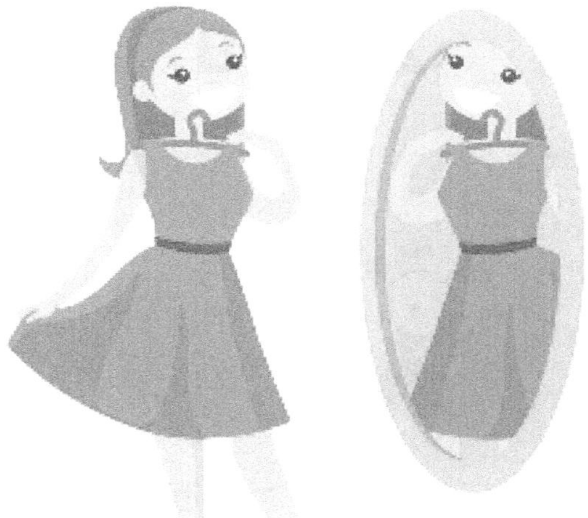

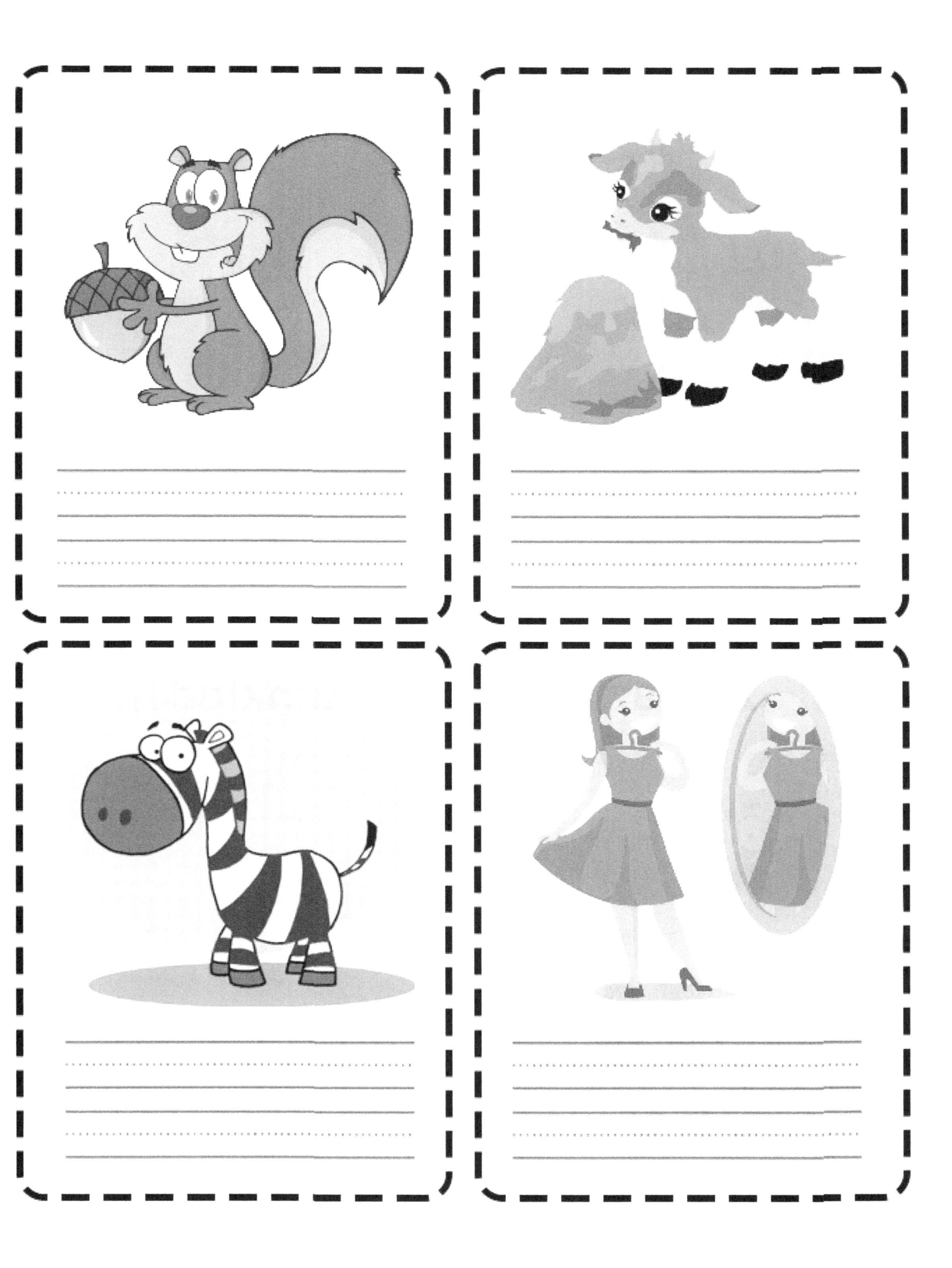

eekhoorn	geit
다람쥐	염소
zebra	Aankleden
얼룩말	드레싱

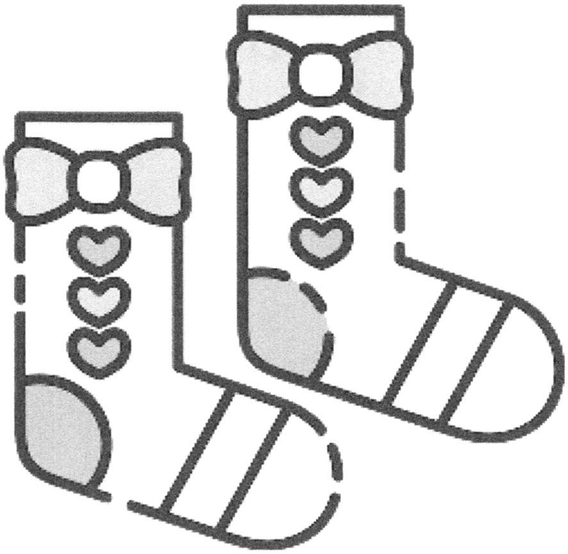

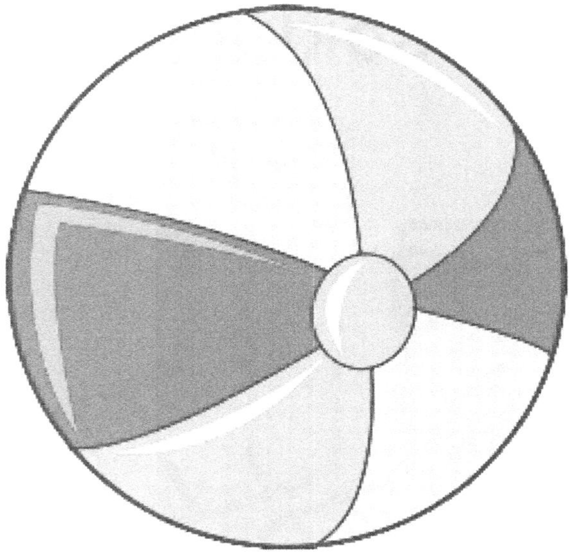

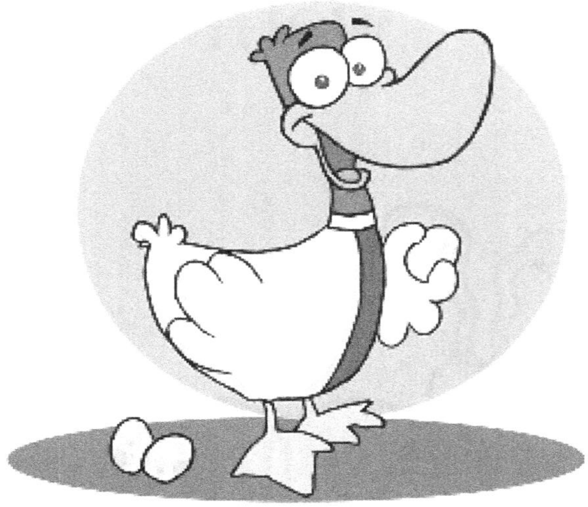

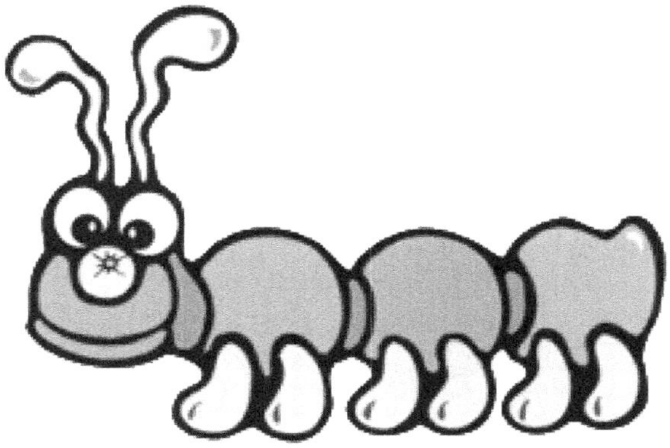

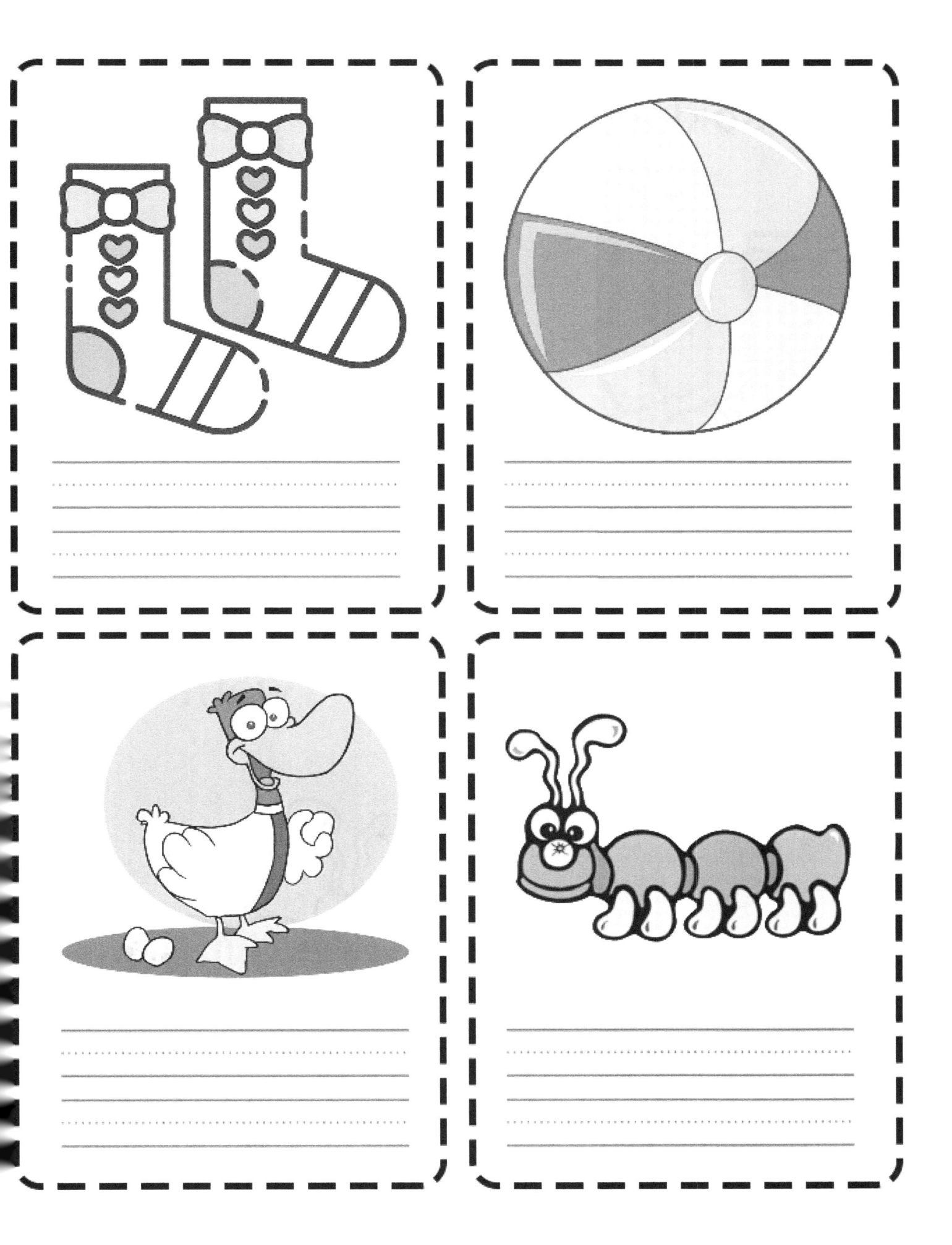

sokken 양말	bal 공
eend 오리	worm 벌레

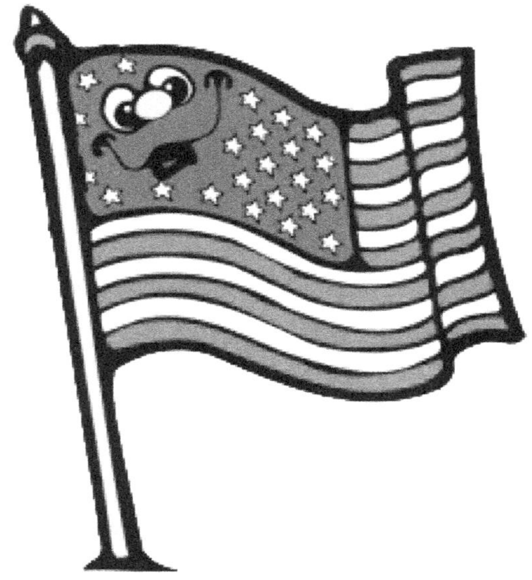

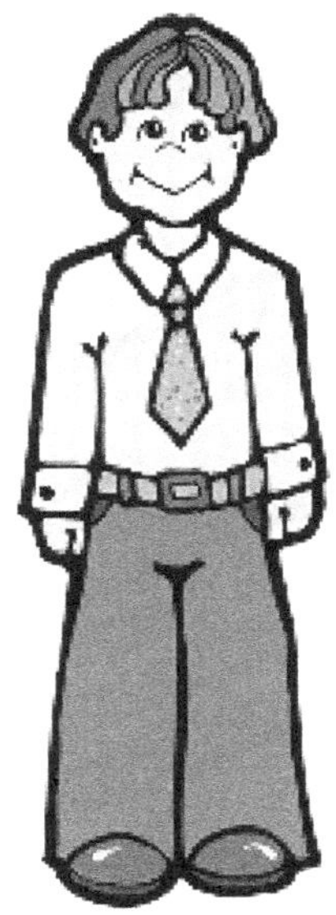

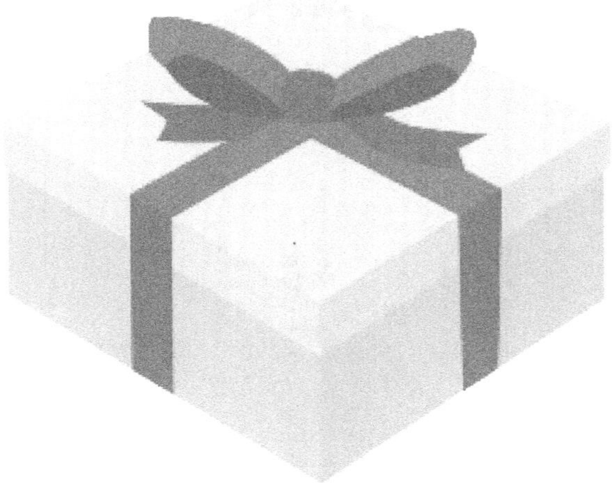

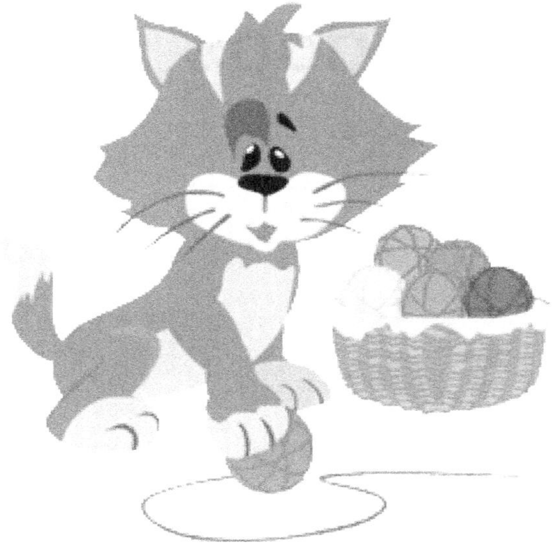

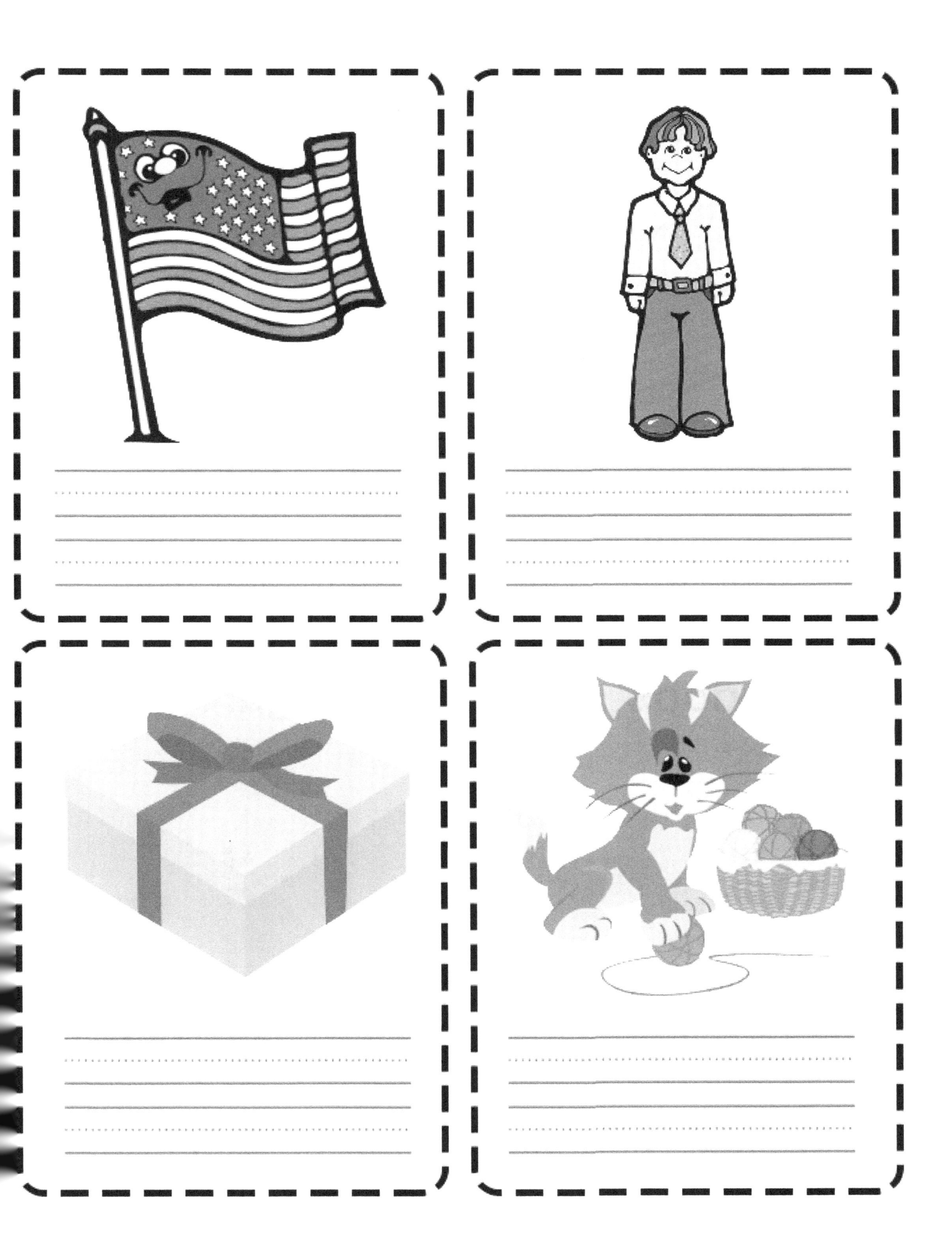

vlag	man
깃발	남자 |ാ

doos	garen
상자	방사

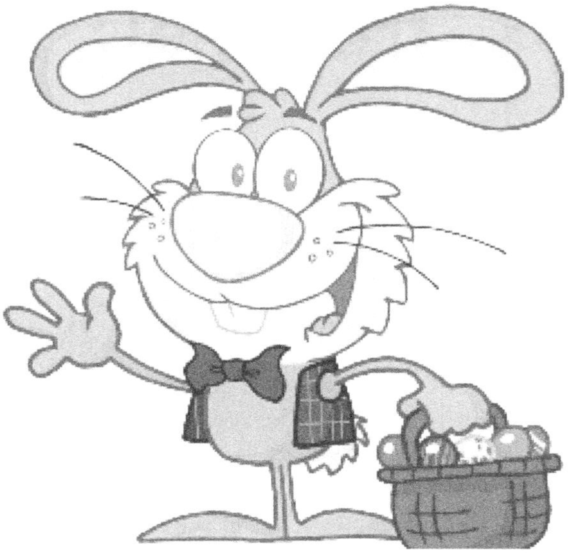

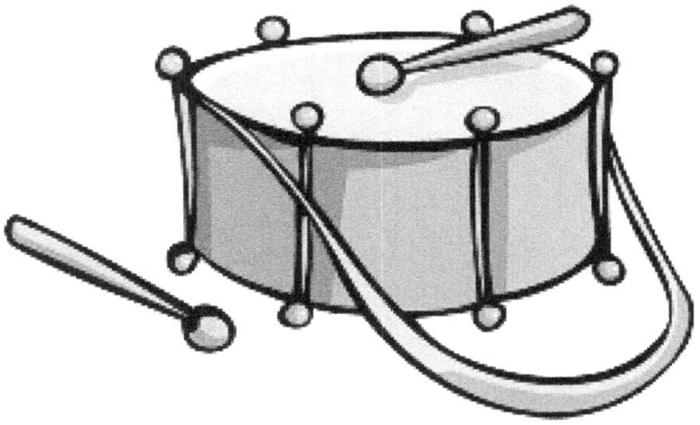

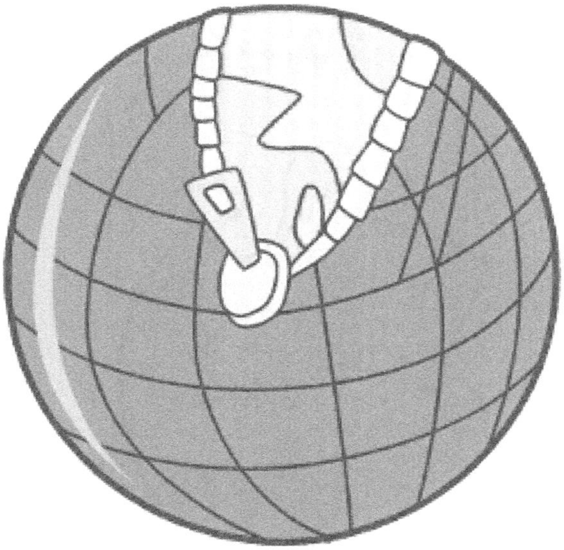

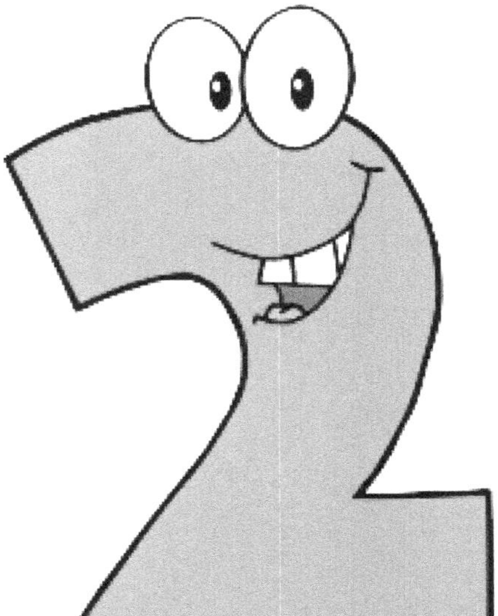

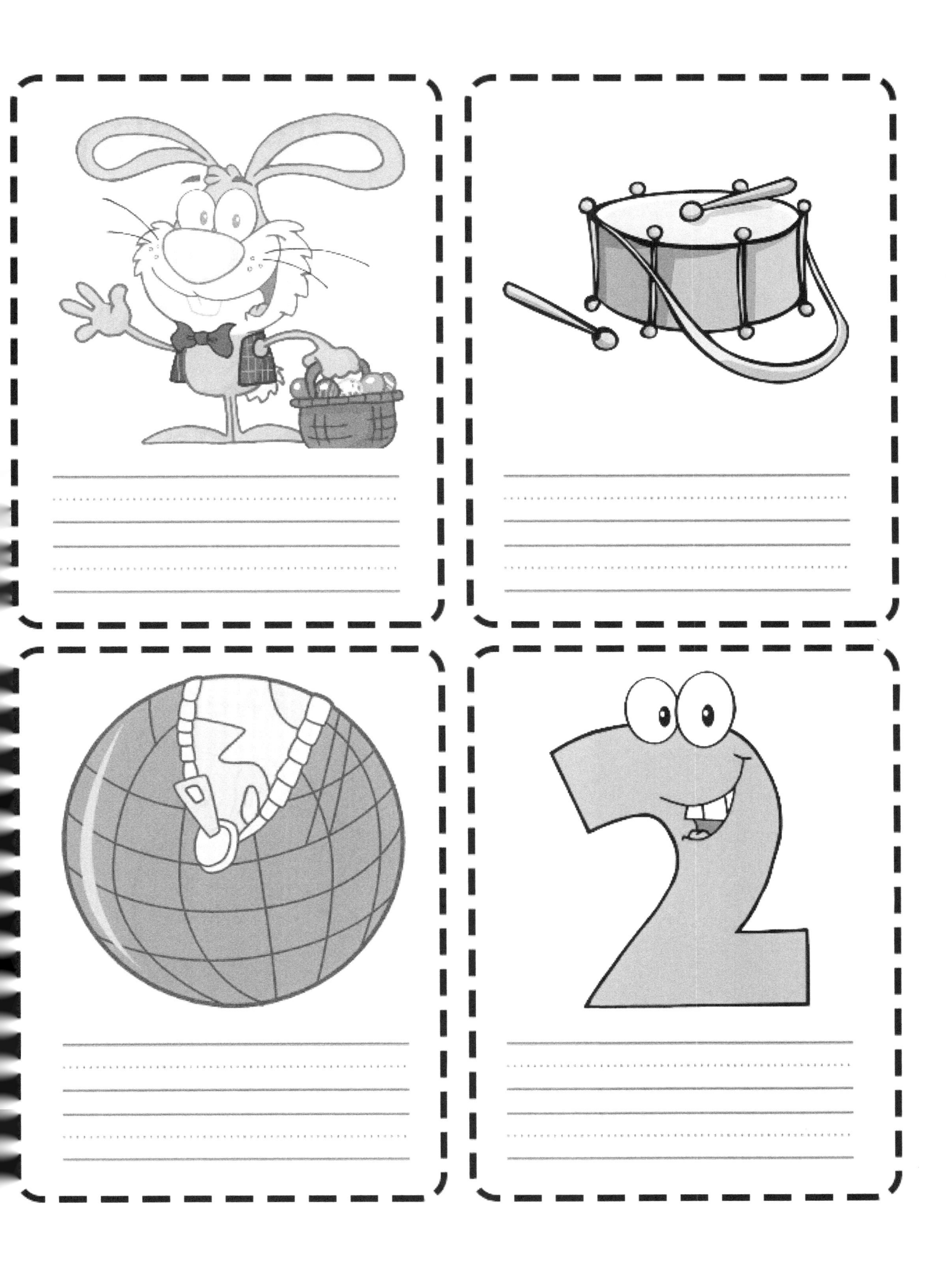

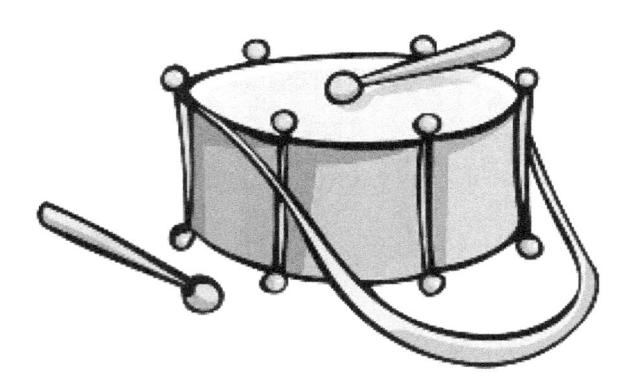

konijn 토끼	trommel 북
rits 지퍼	twee 두

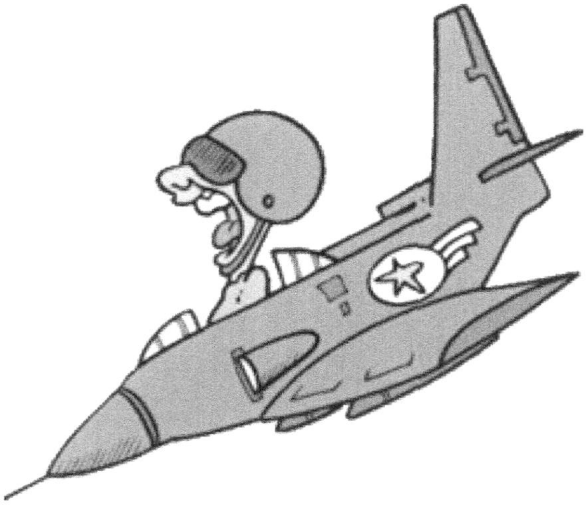

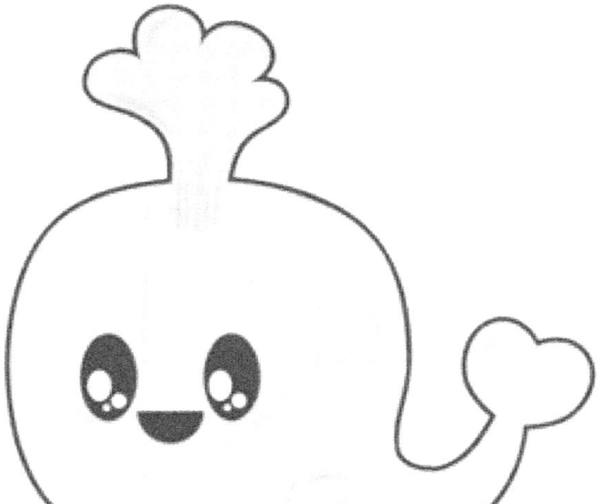

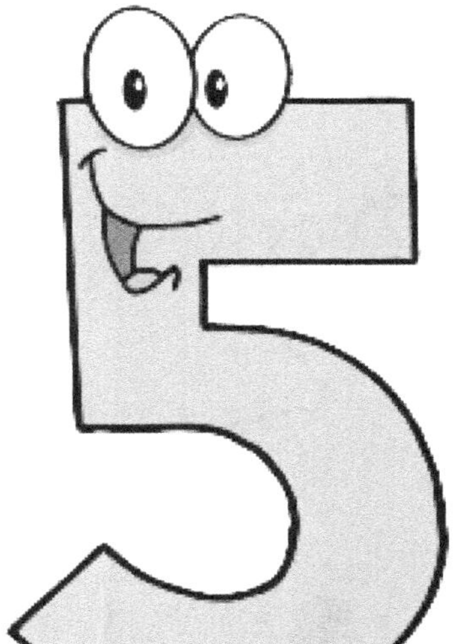

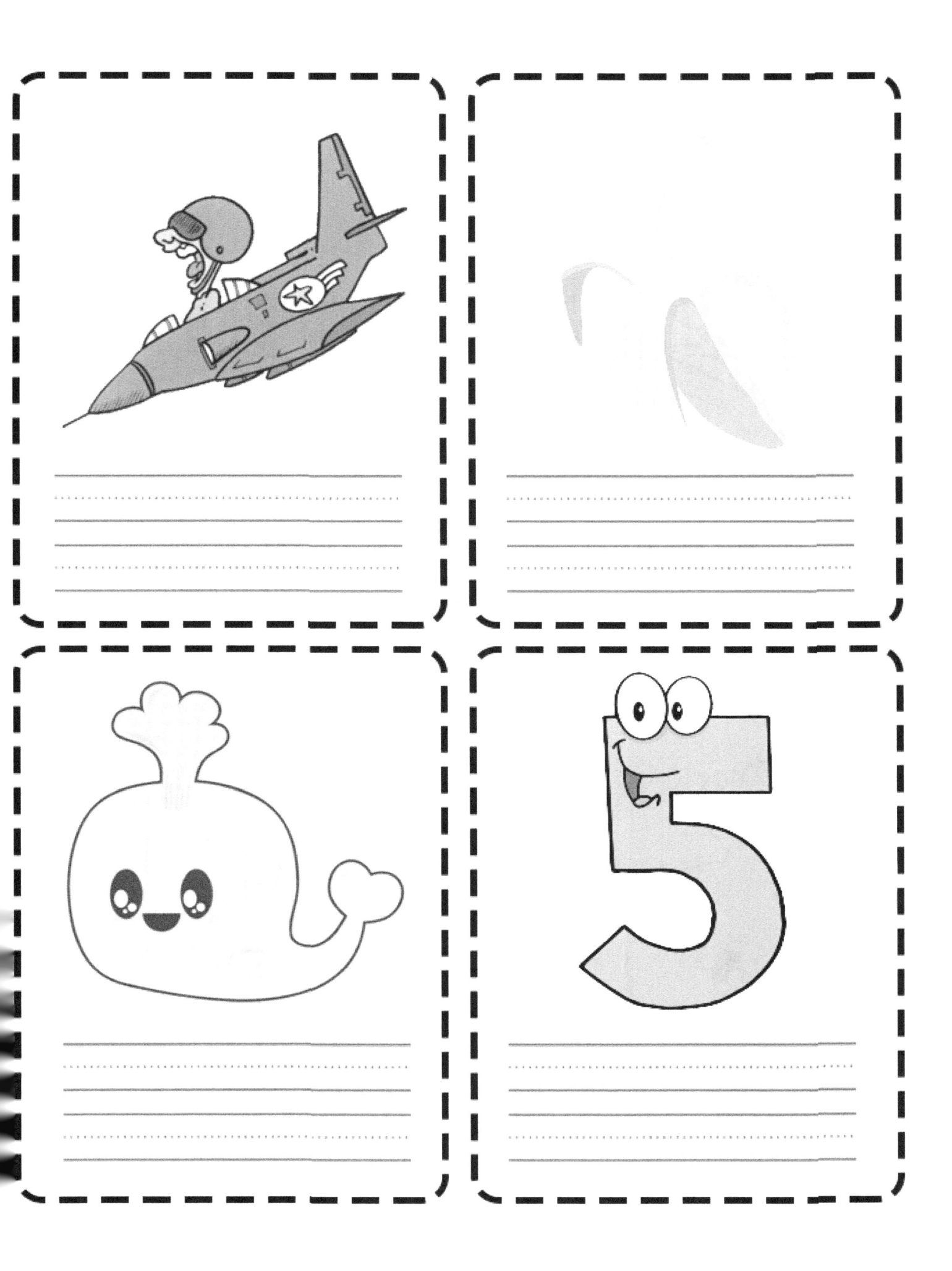

Jet	banaan
제트기	바나나

walvis	vijf
고래	다섯

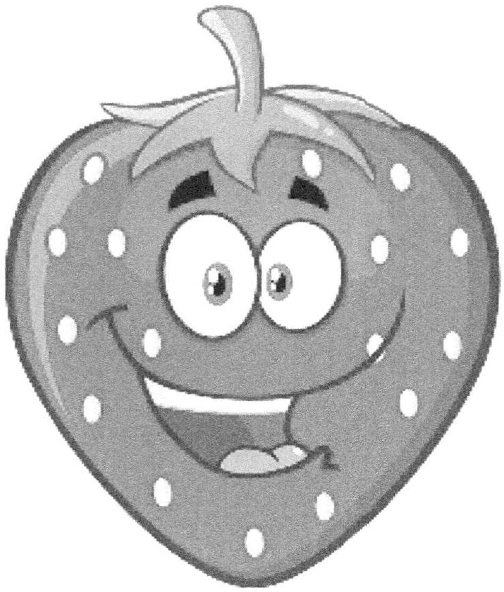
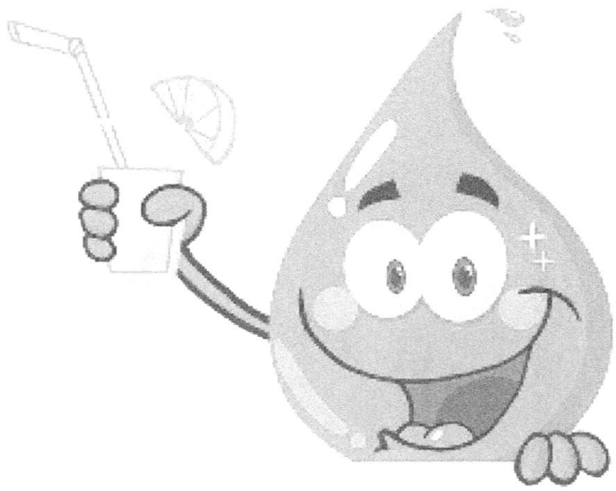
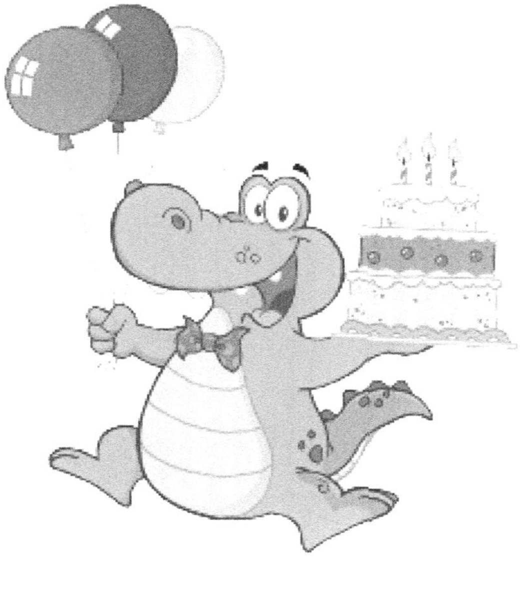
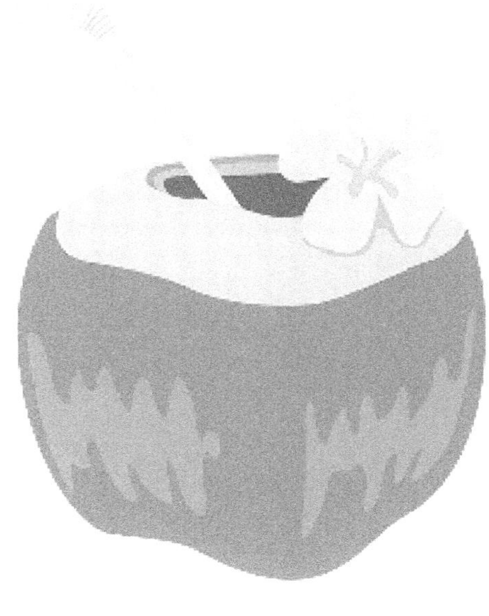

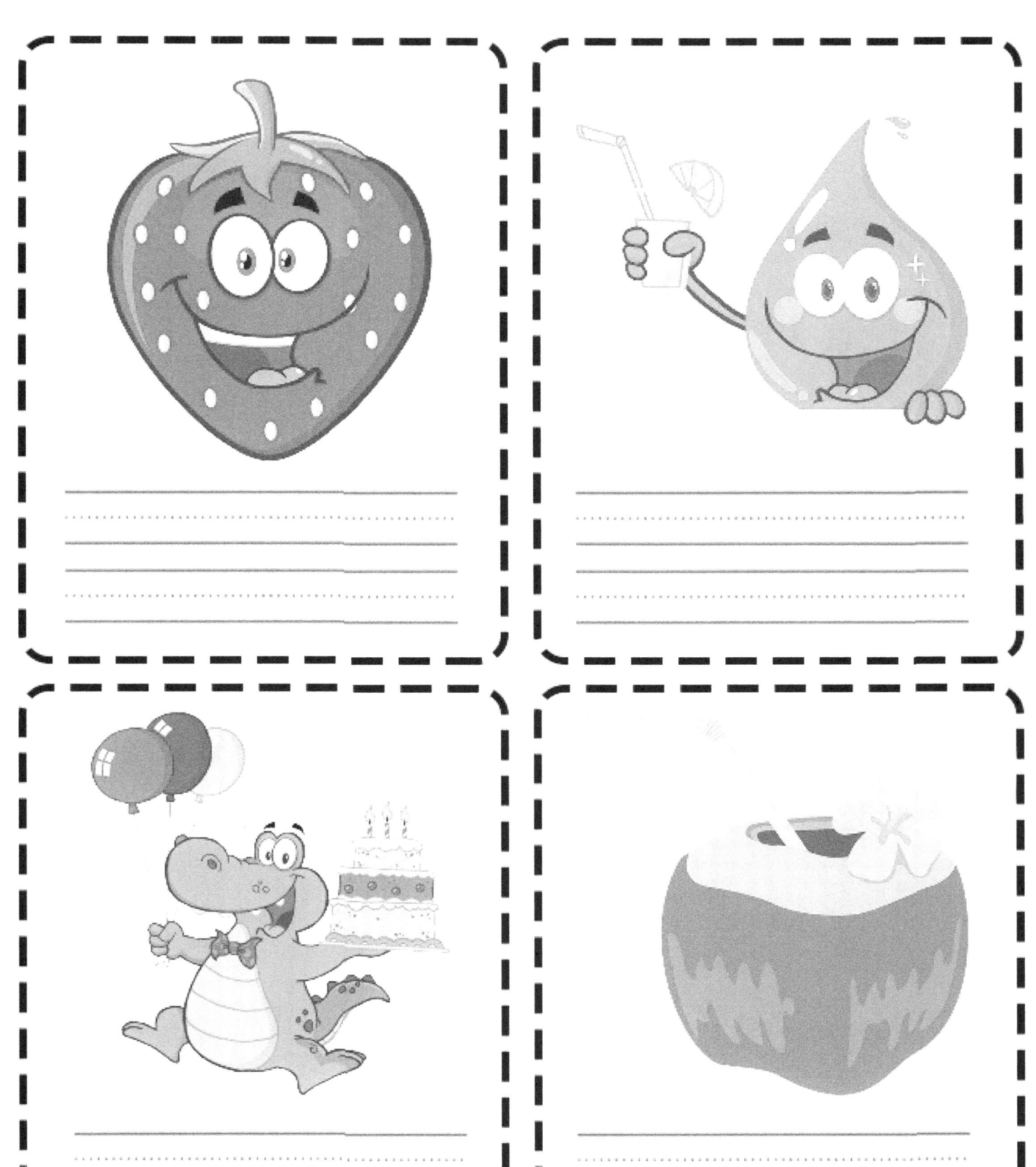

aardbei 딸기	**water** 물
verjaardag 생일	**kokosnoot** 코코넛

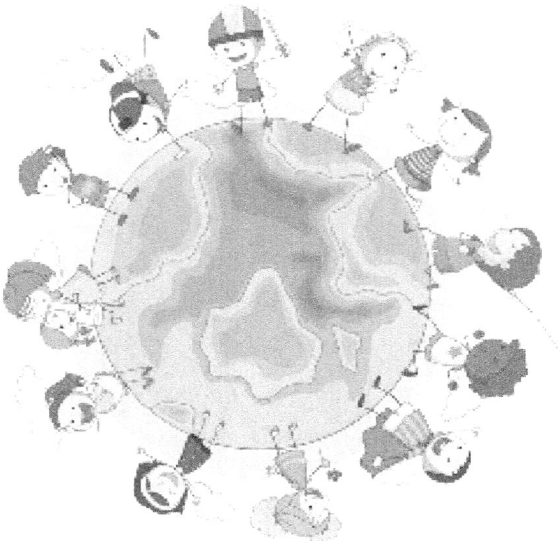

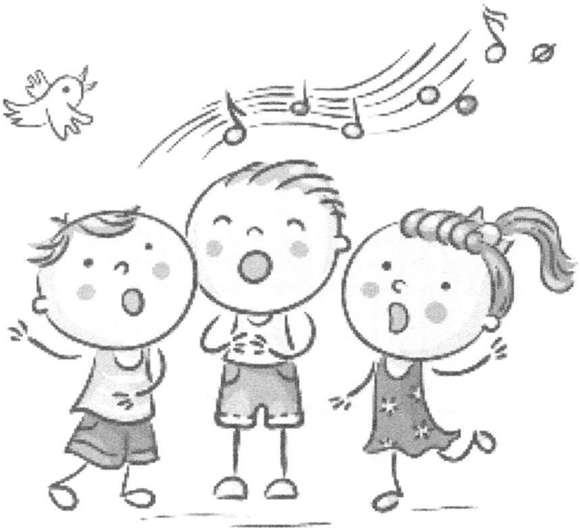

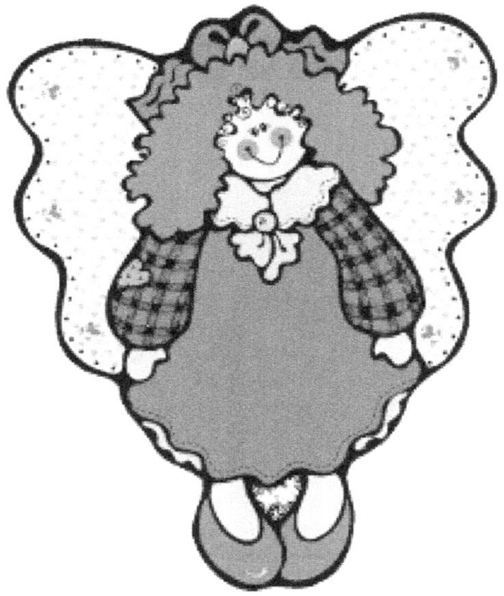

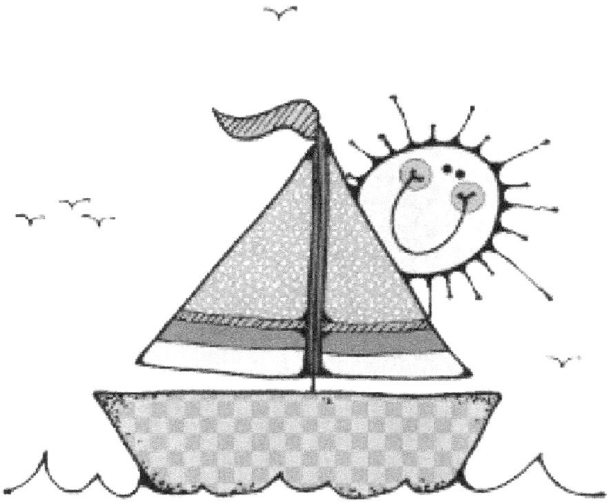

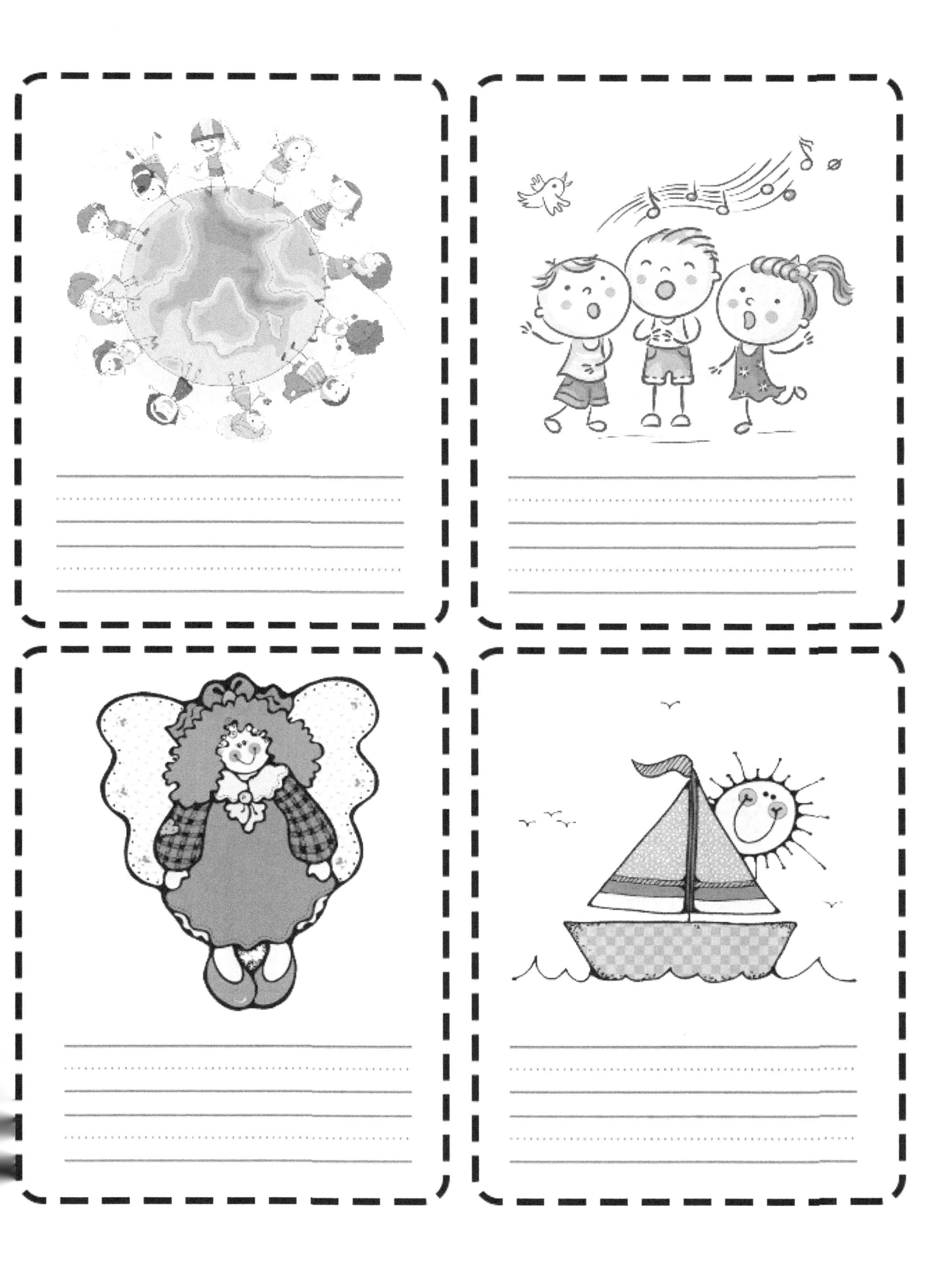

aarde	het zingen
지구	명음

poppen	boot
인형	보트

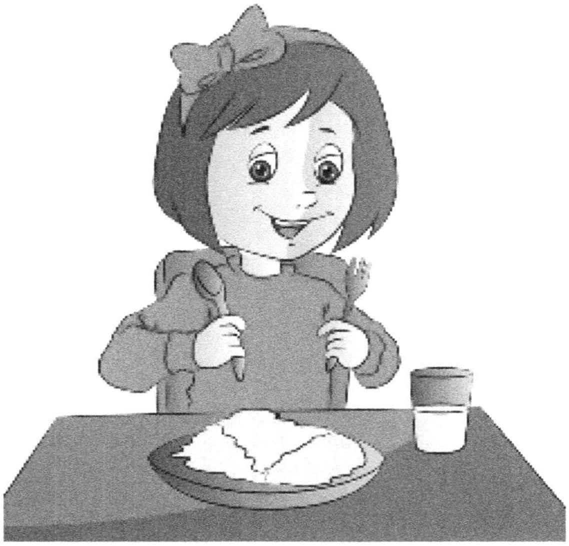

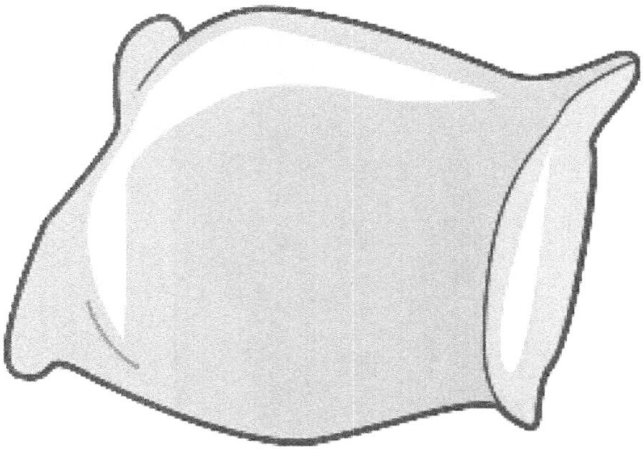

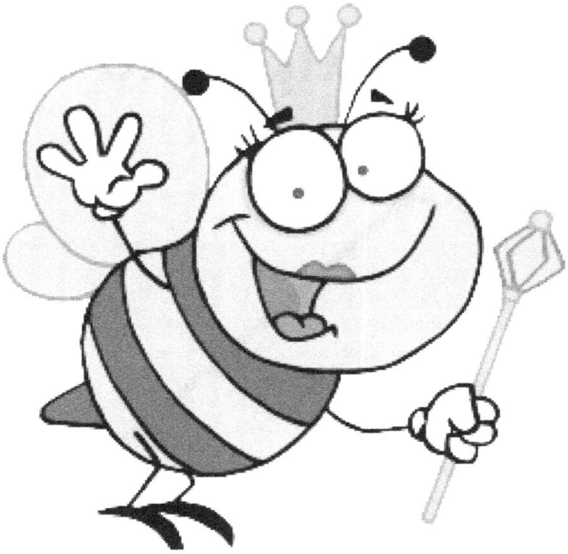

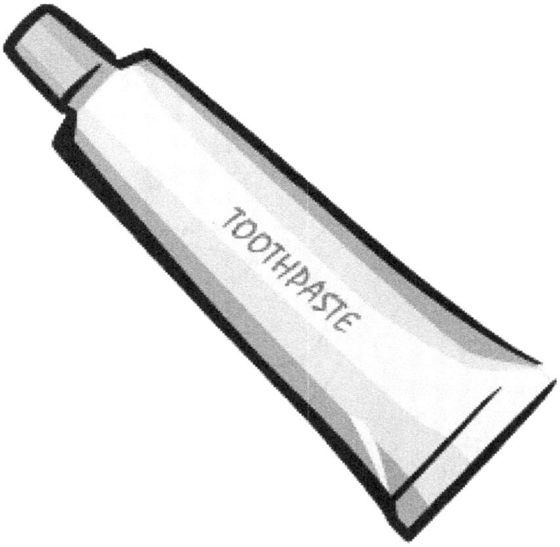
TOOTHPASTE

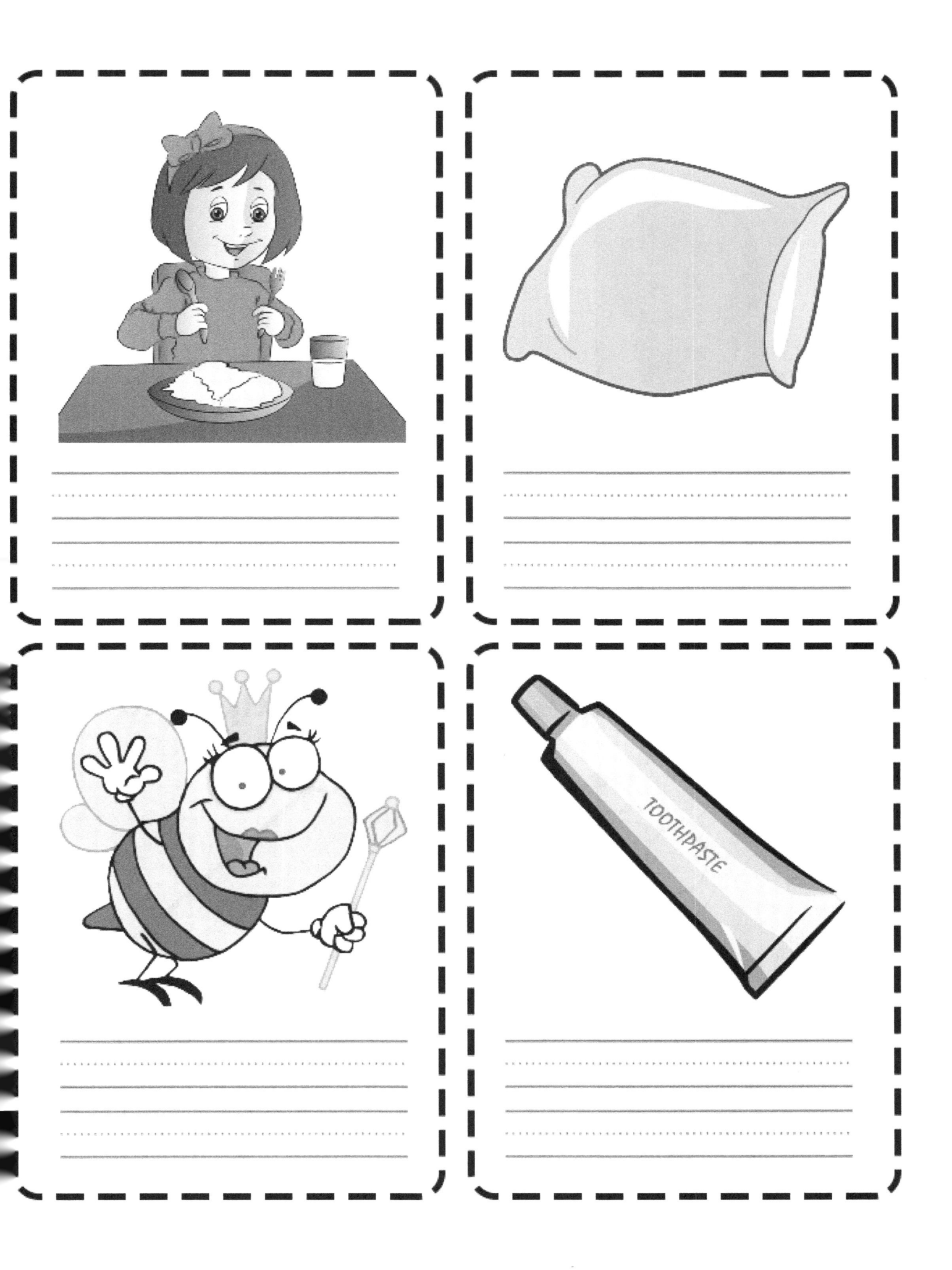

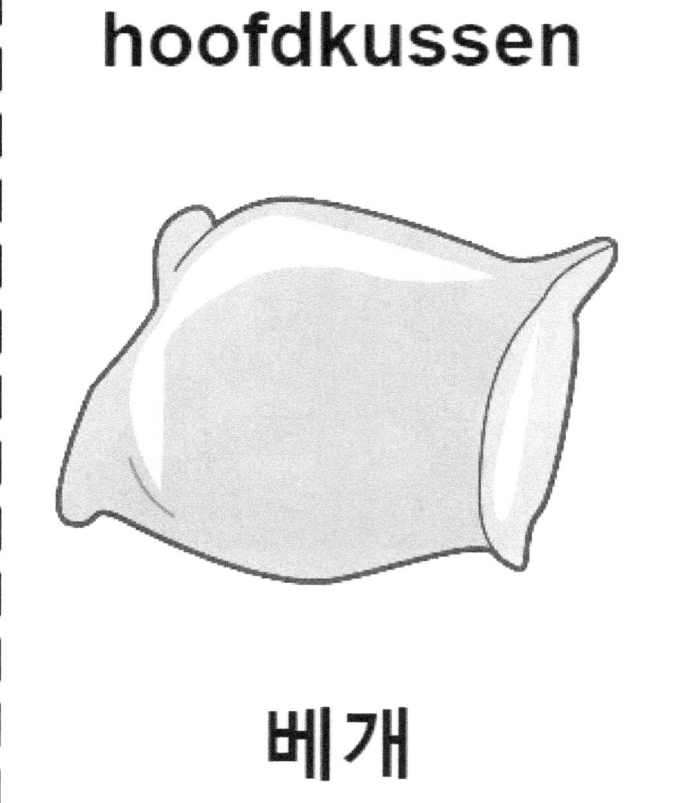

ontbijt 아침 식사	**hoofdkussen** 베개
honingbij 벌	**tandpasta** 치약

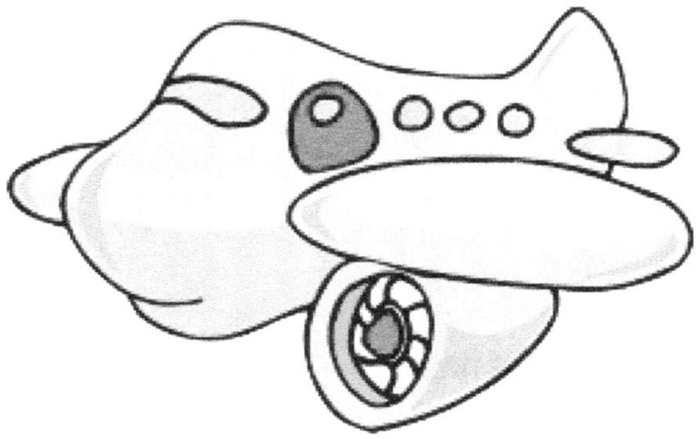

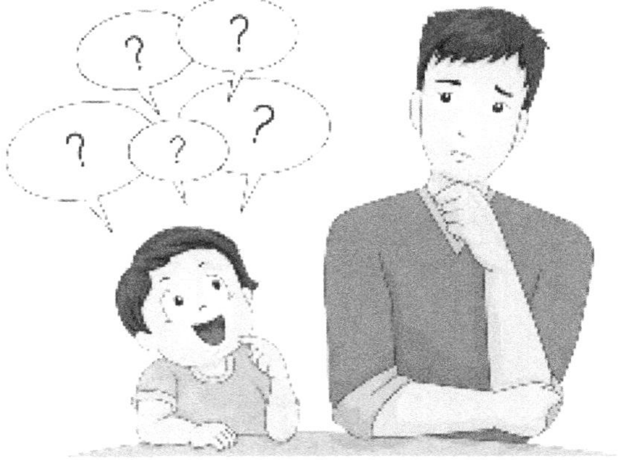

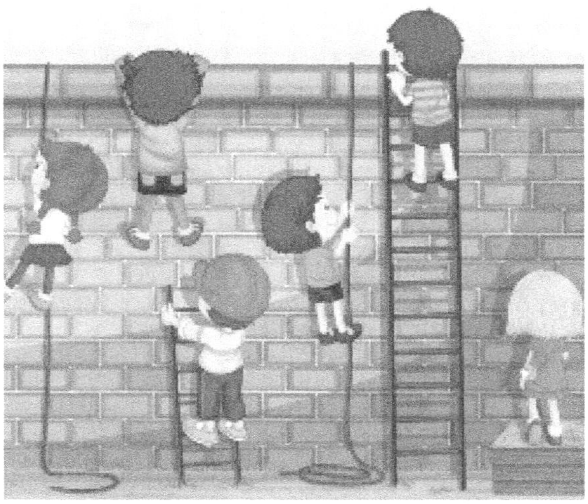

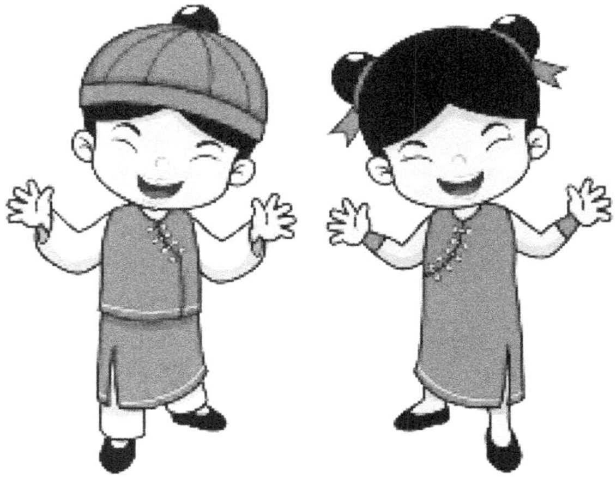

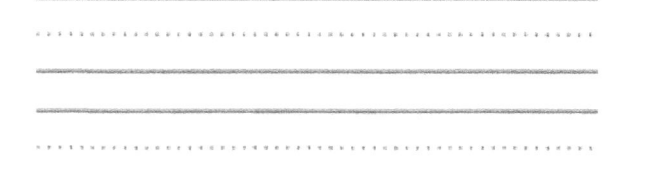

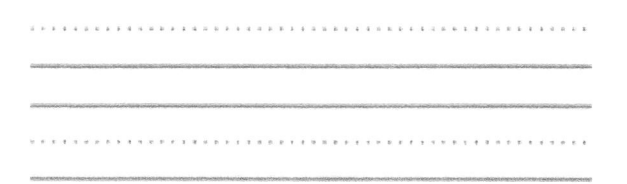

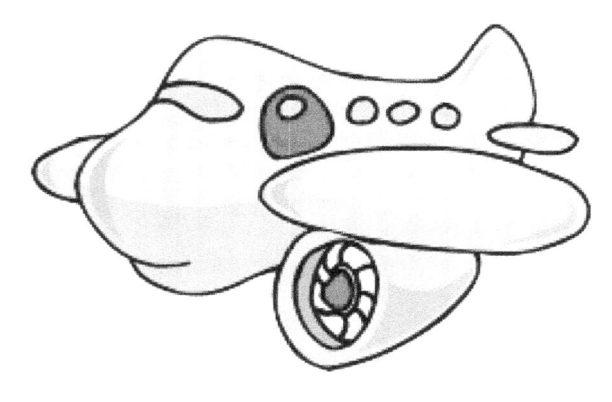

vliegtuig 평면	**vraag** 의문
klimmen 등반	**gelukkig** 행복

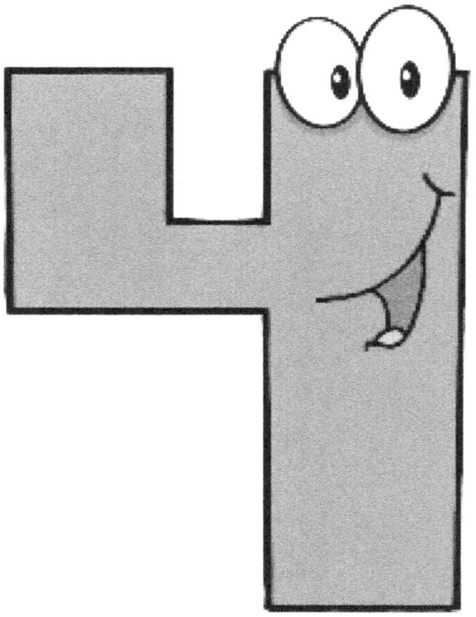

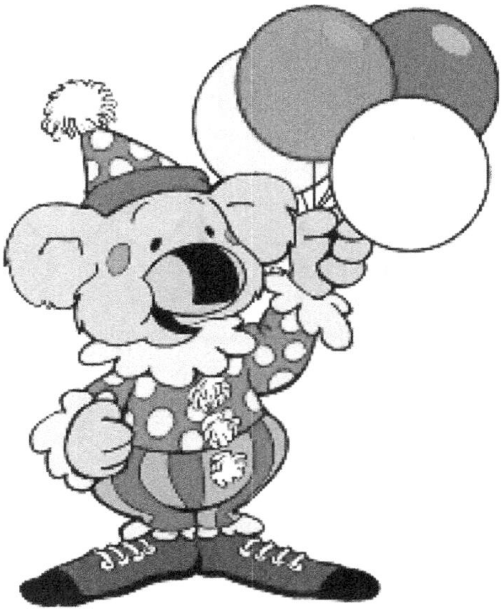

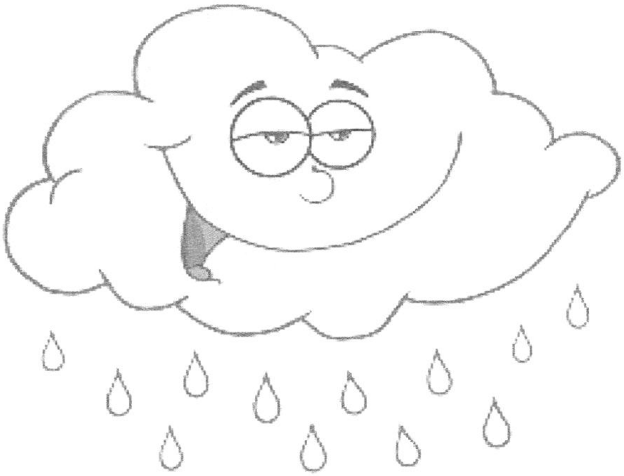

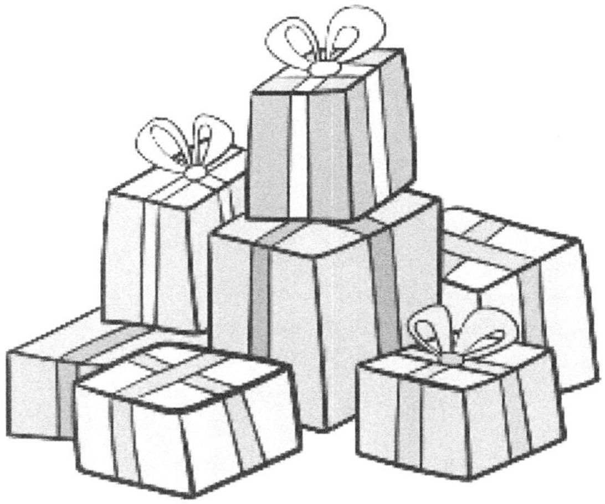

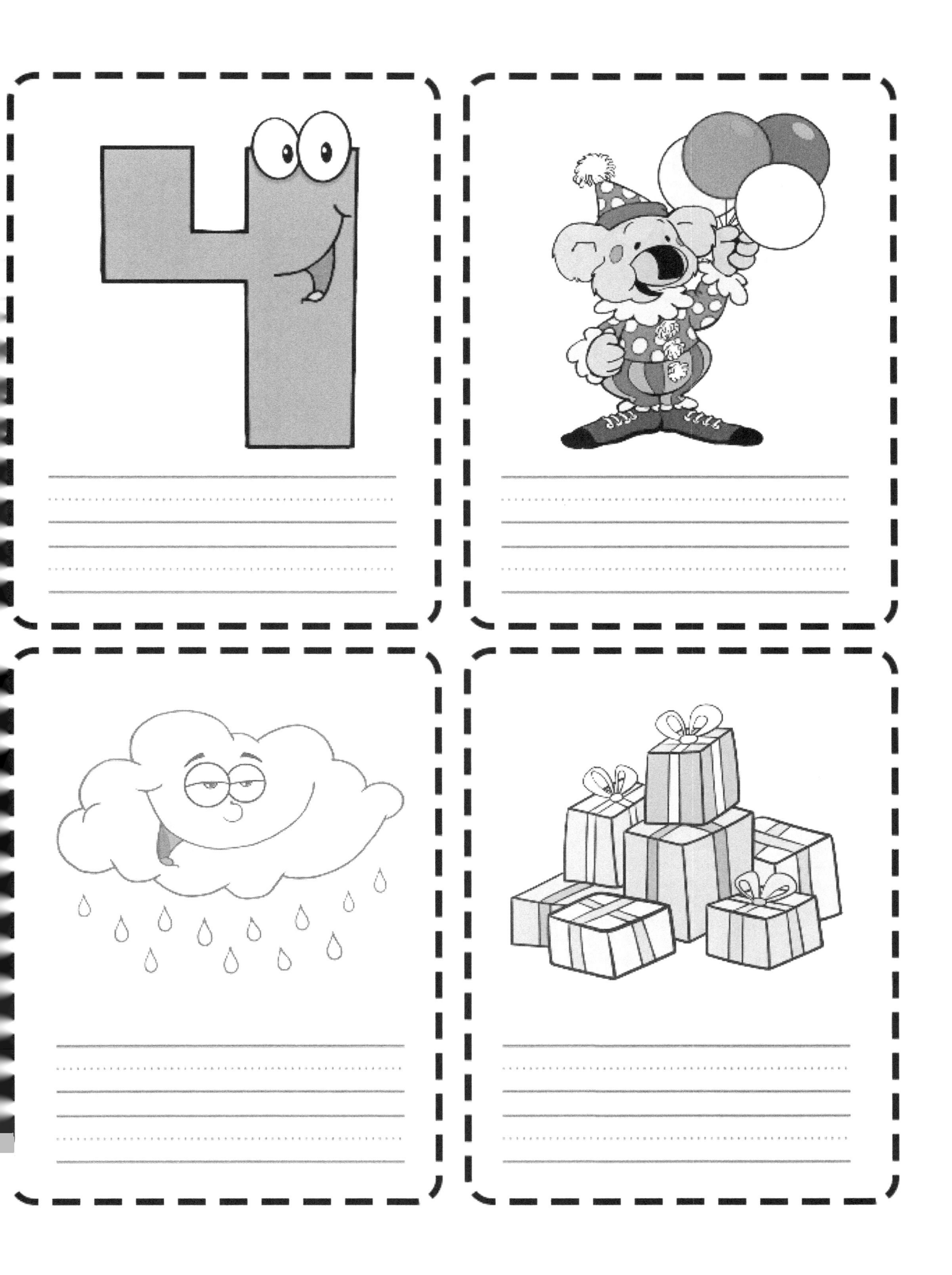

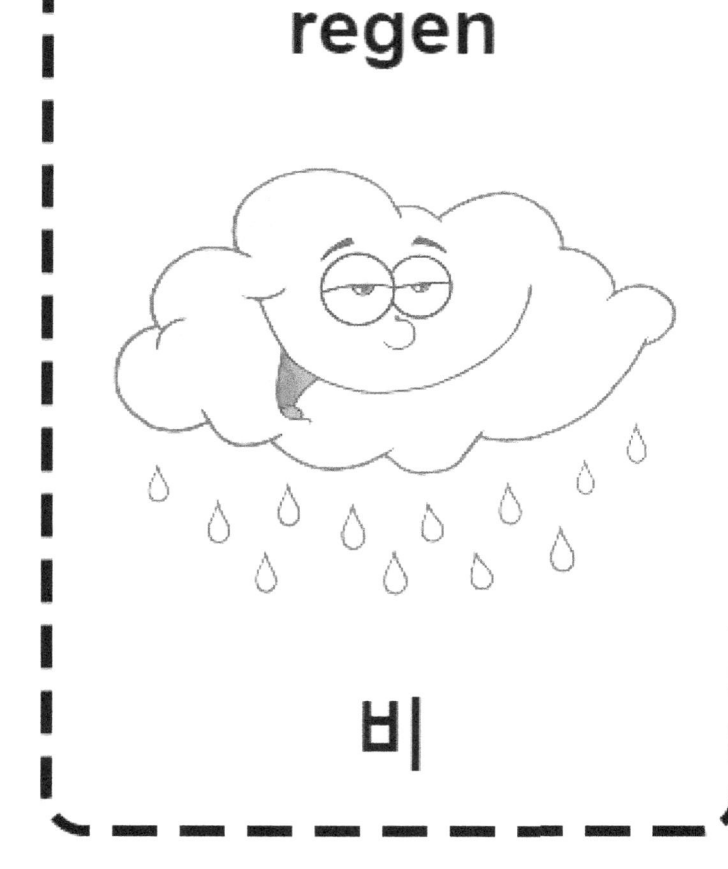

vier 네	**ballon** 풍선
regen 비	**presenteert** 선물

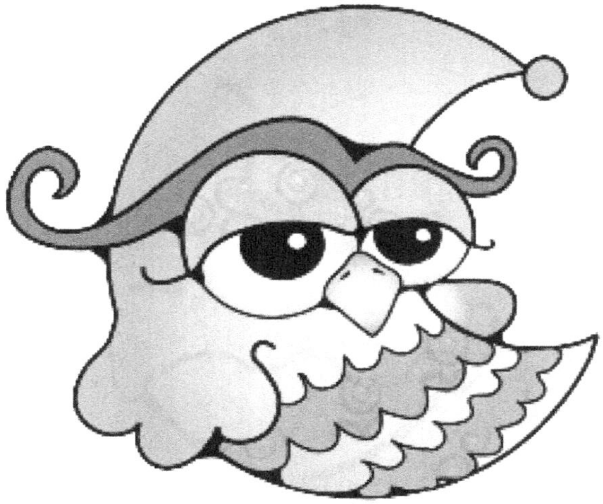

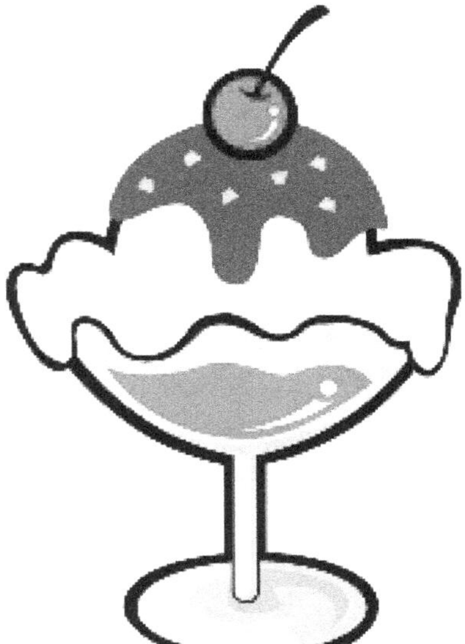

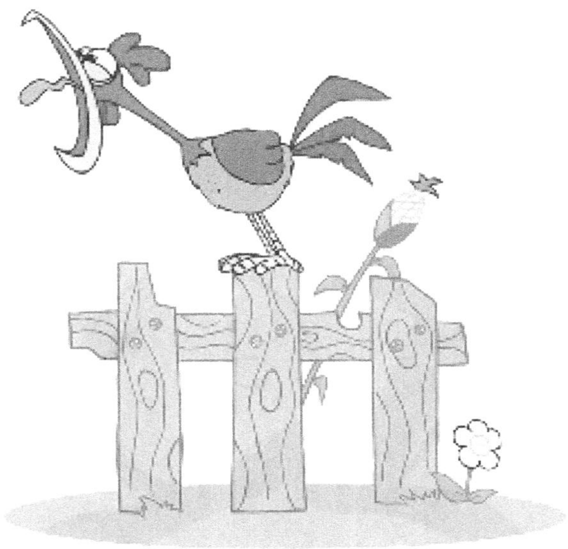

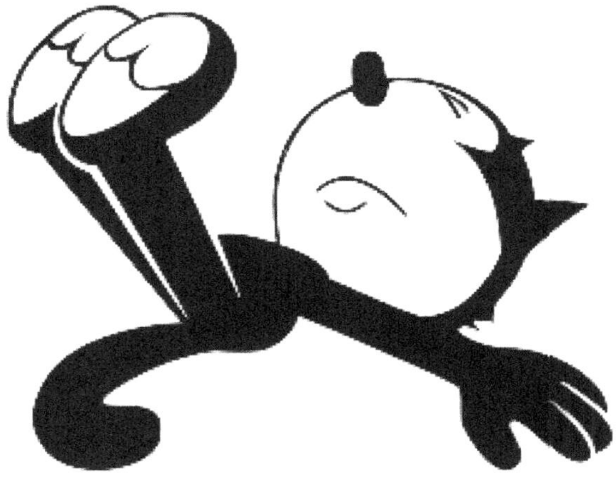

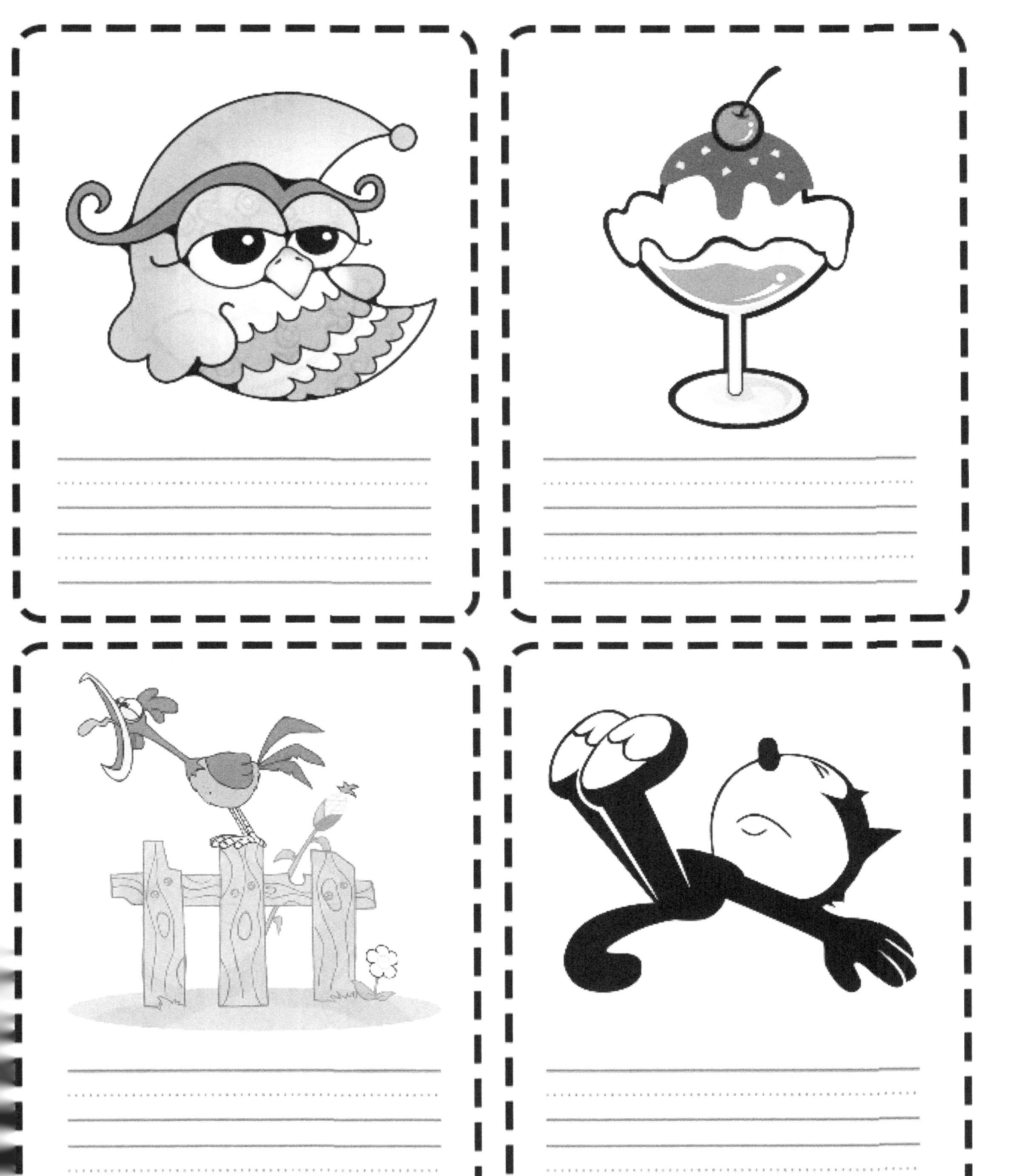

uil 올빼미	**ijsje** 아이스크림
ochtend- 아침	**vallen** 가을

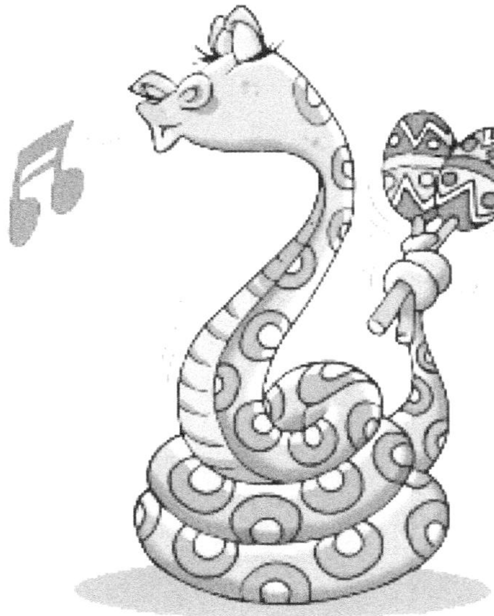

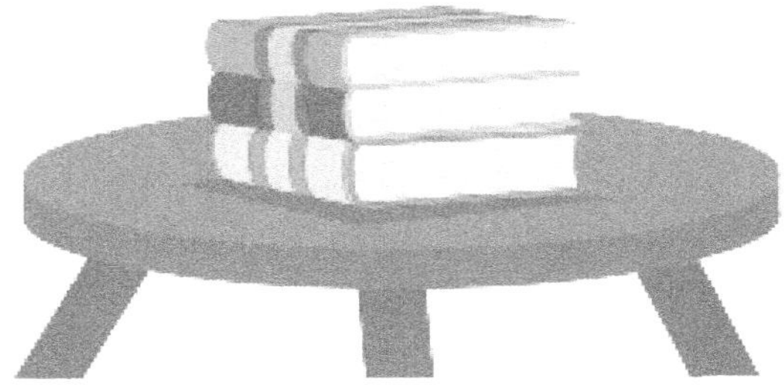

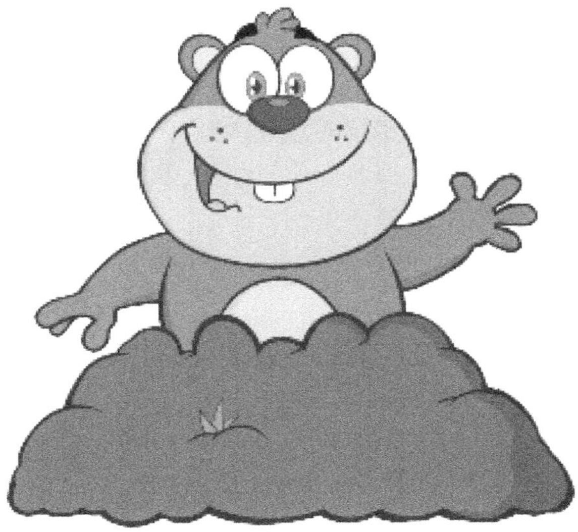

slang	boek
뱀	책

papier	groundhog
종이	마개

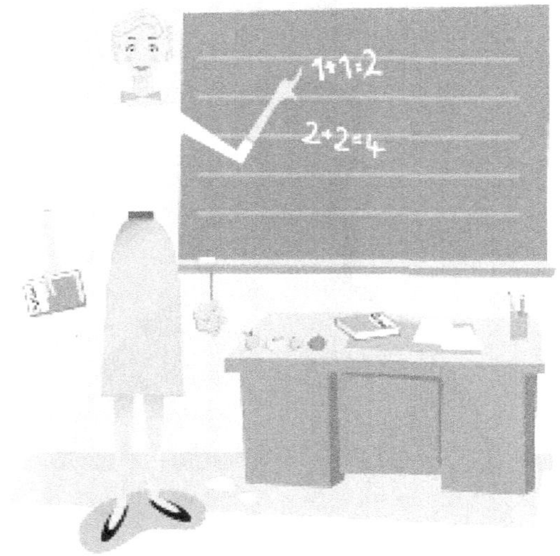
1+1=2
2+2=4

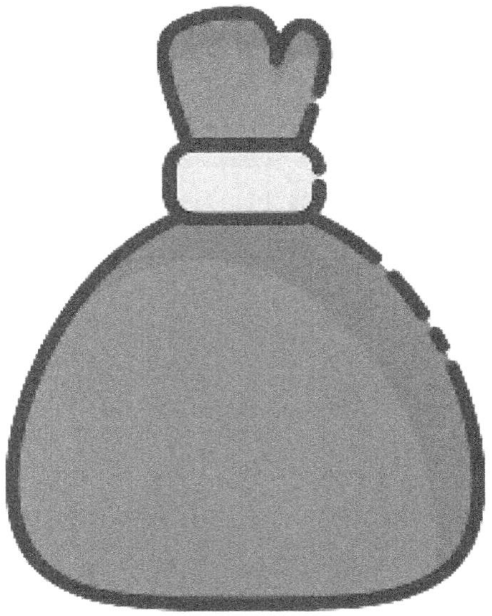

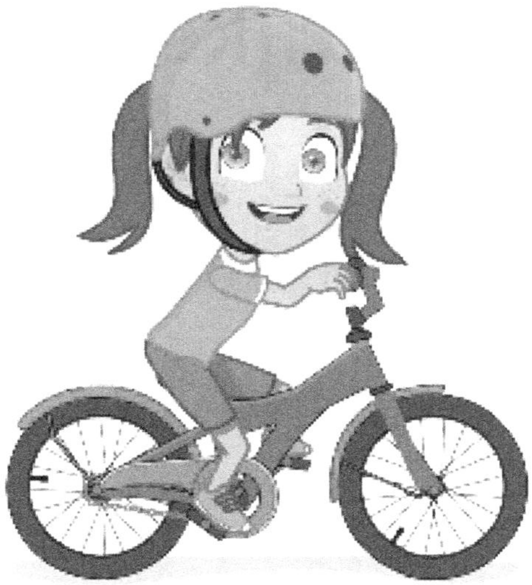

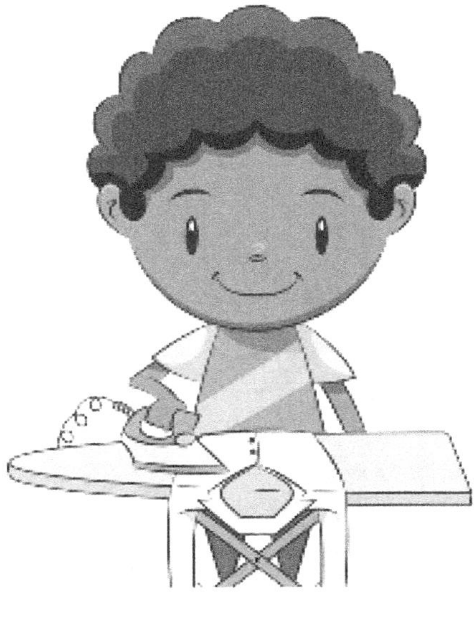

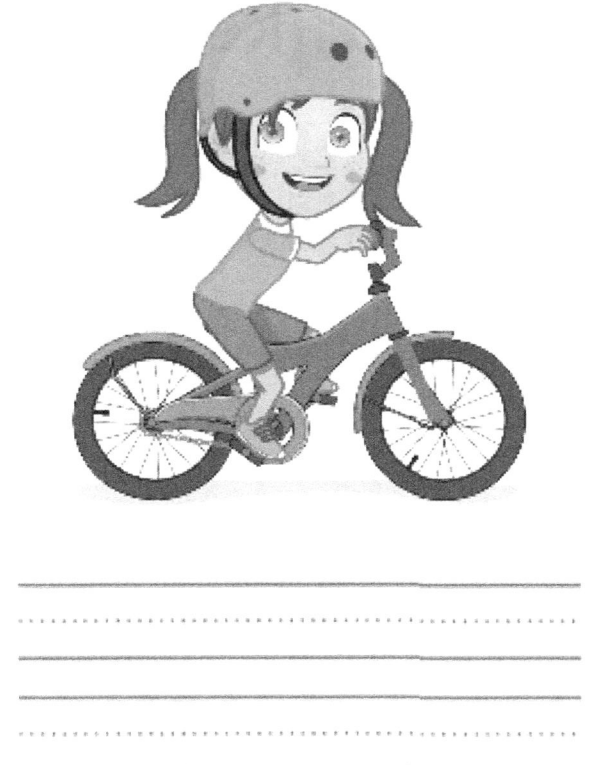

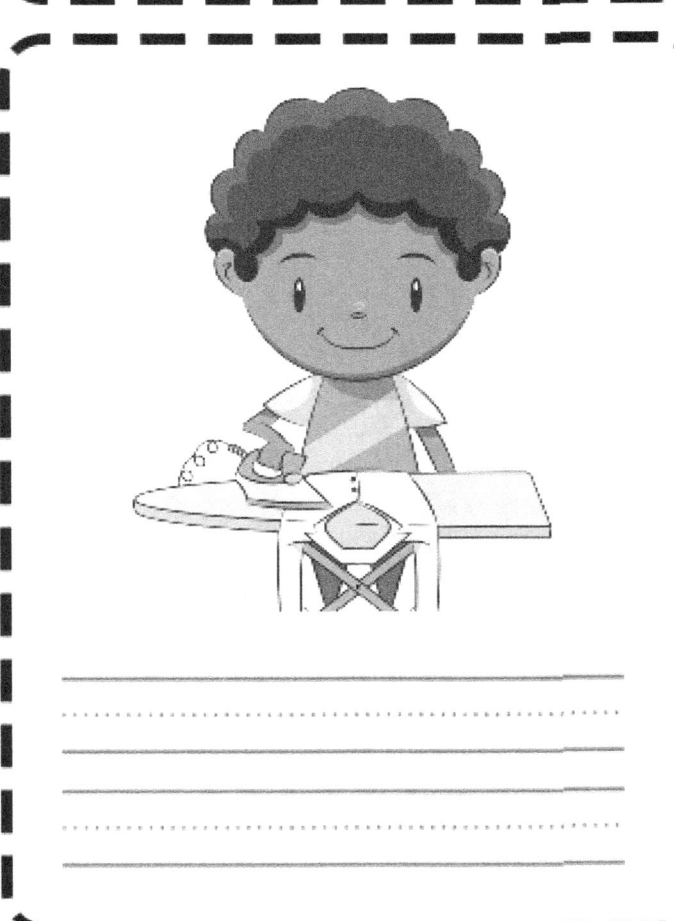

onderwijzen	zak
가르치다	가방
fiets	strijken
자전거	다리미질

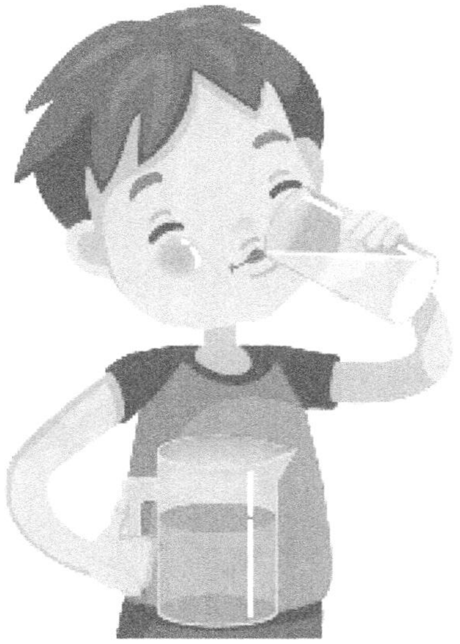

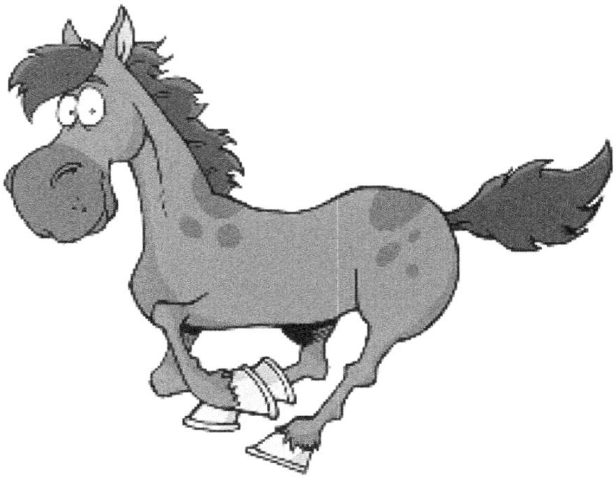

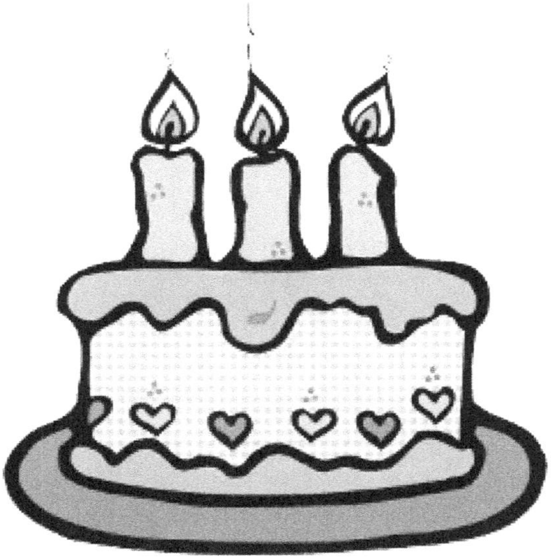

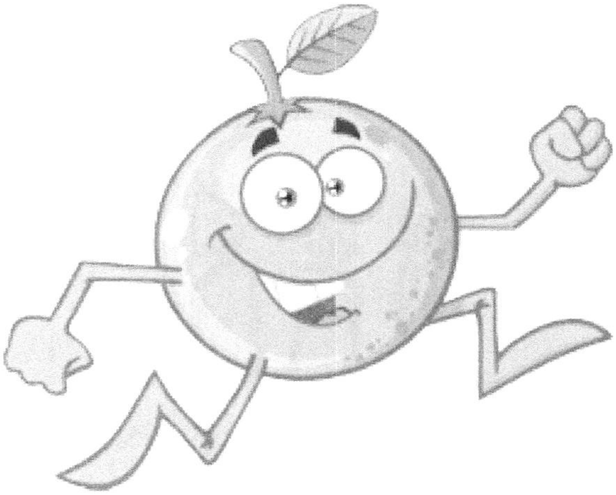

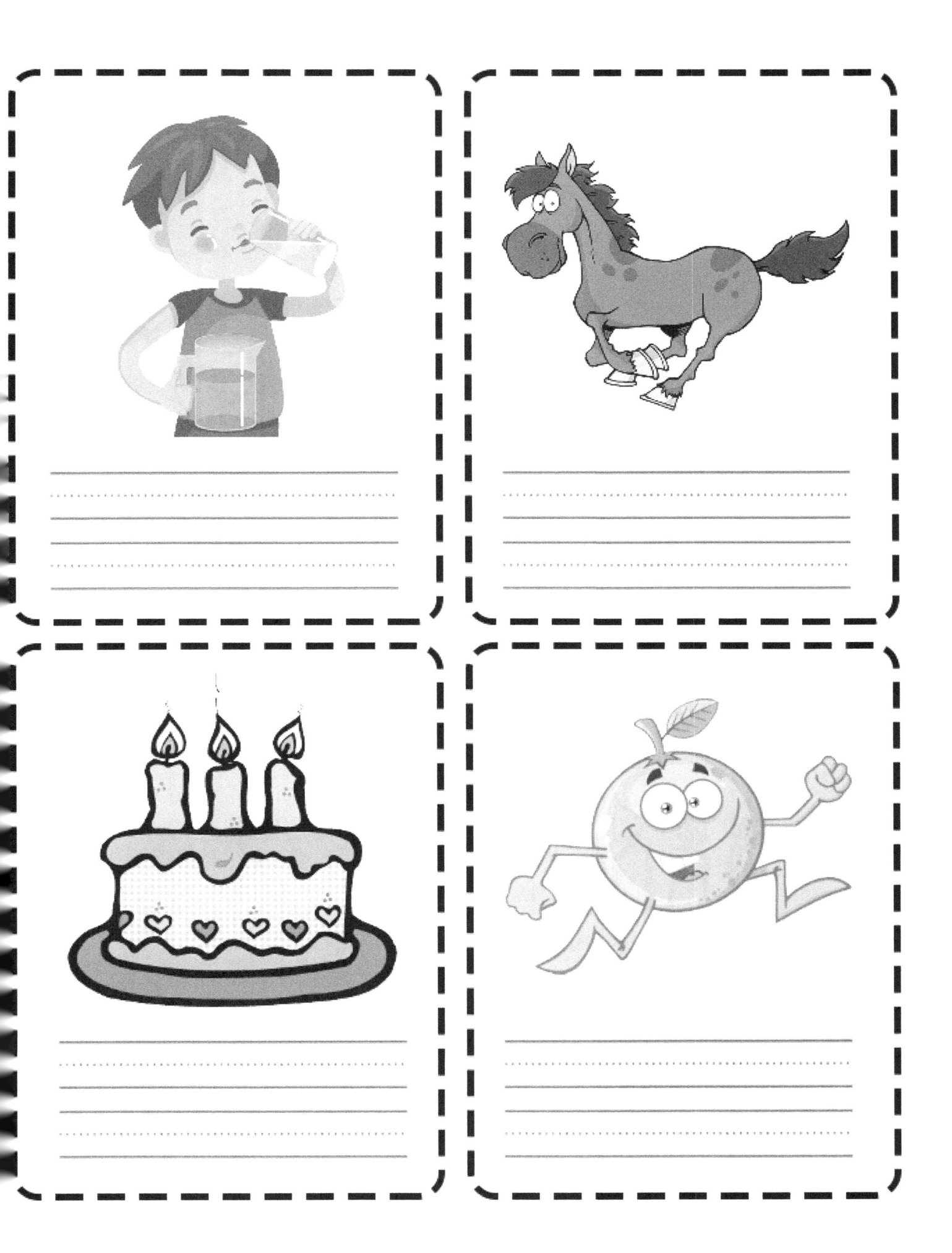

drinken 음주	**paard** 말
cake 케이크	**oranje** 주황색

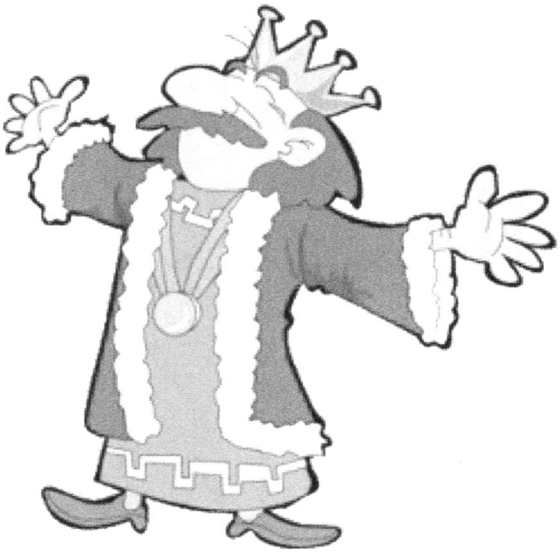

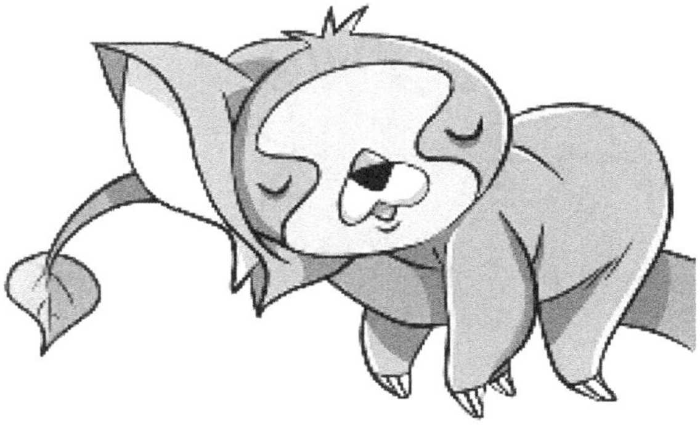

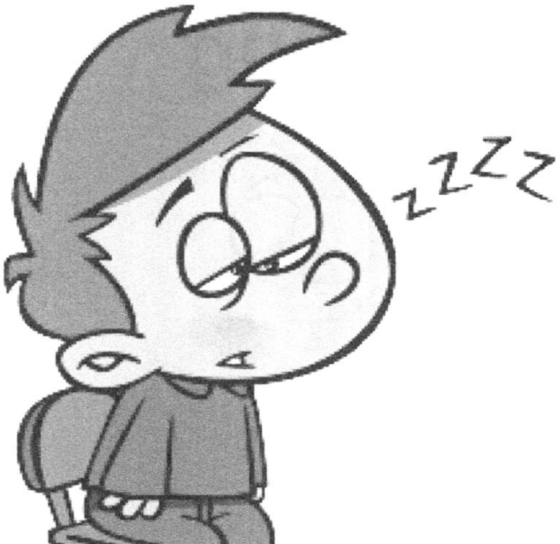
zZZZ

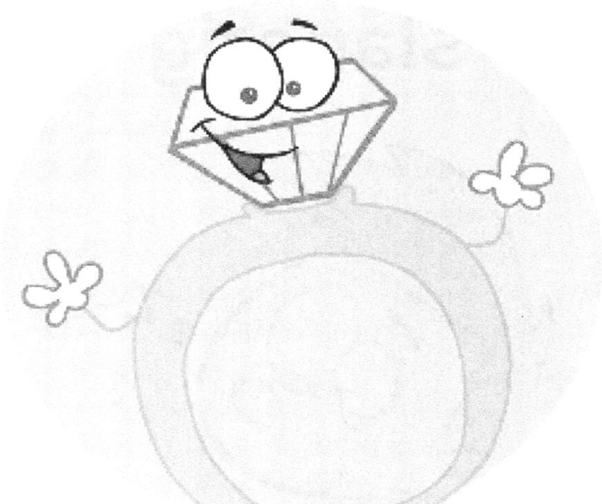

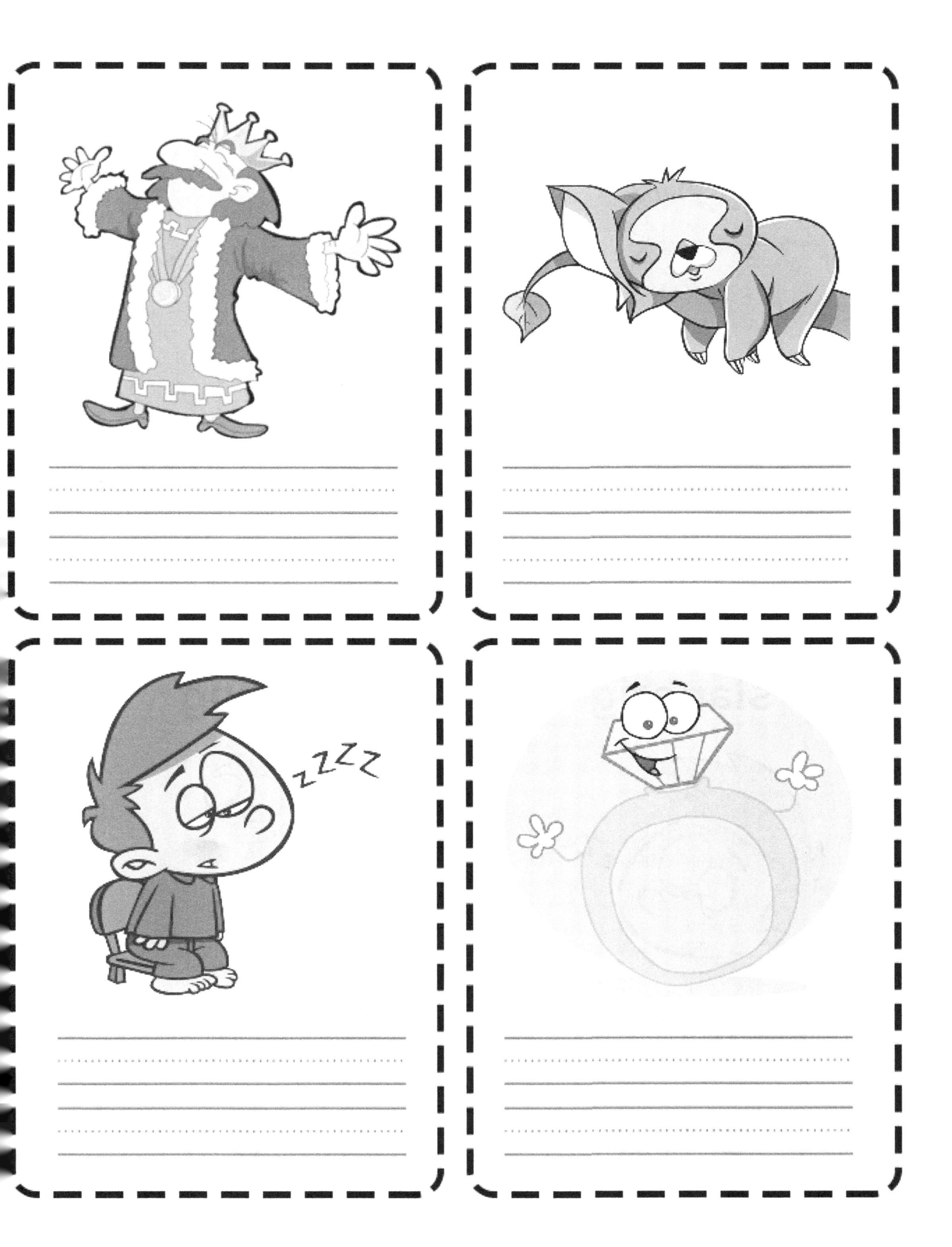

koning 왕	**slapen** 자고있는
slaperig 졸리는	**ring** 반지

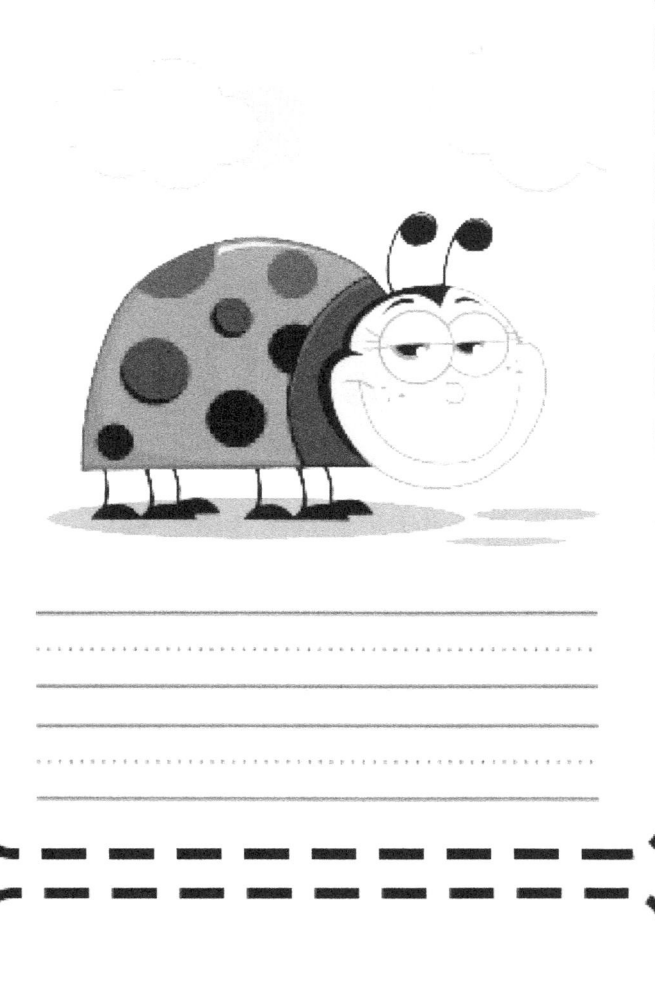

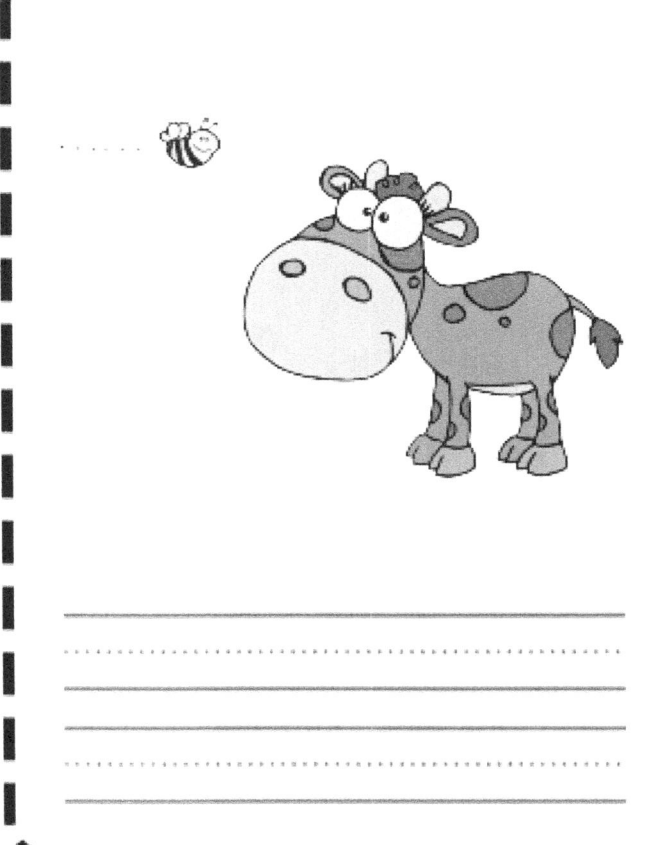

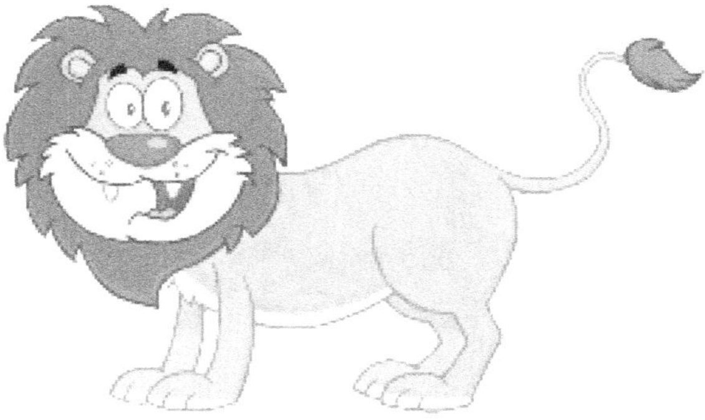

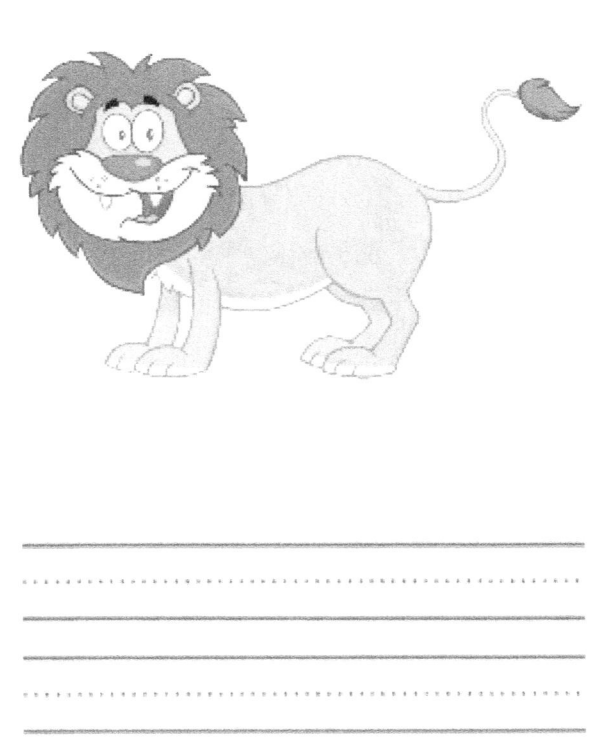

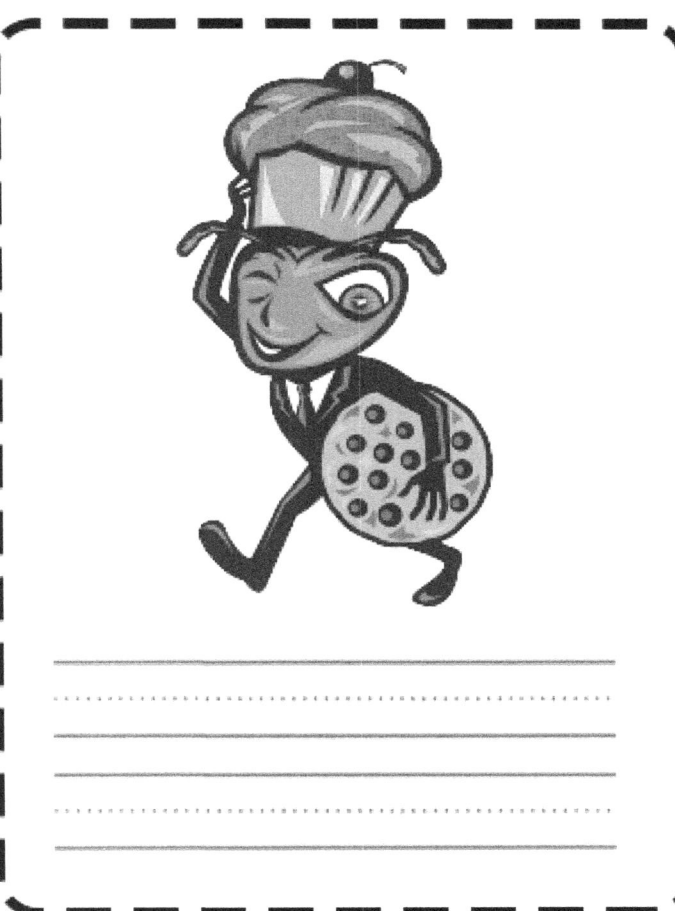

lieveheersbeestje 무당 벌레	koe 소
leeuw 사자	mier 개미

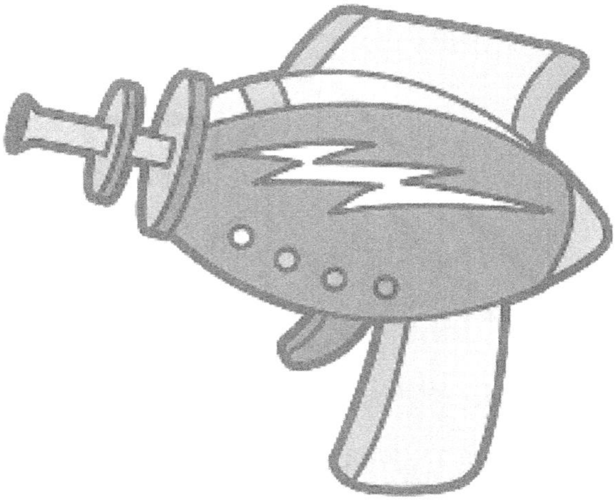

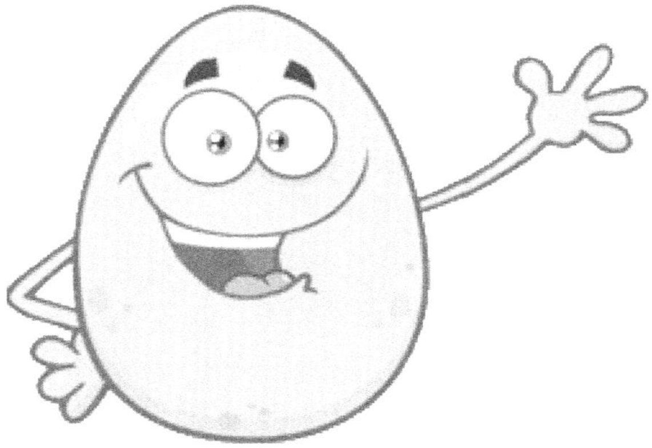

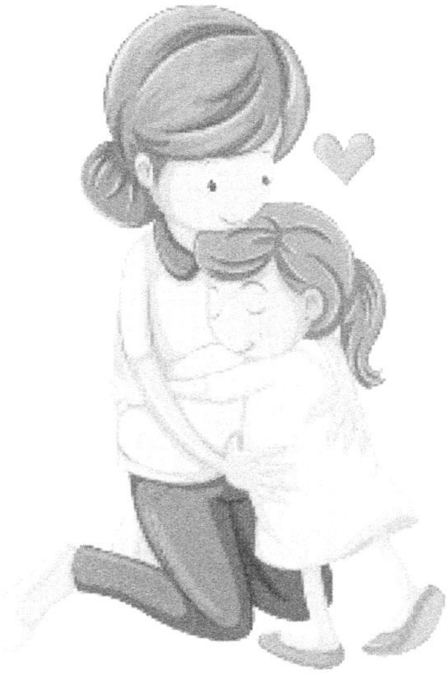

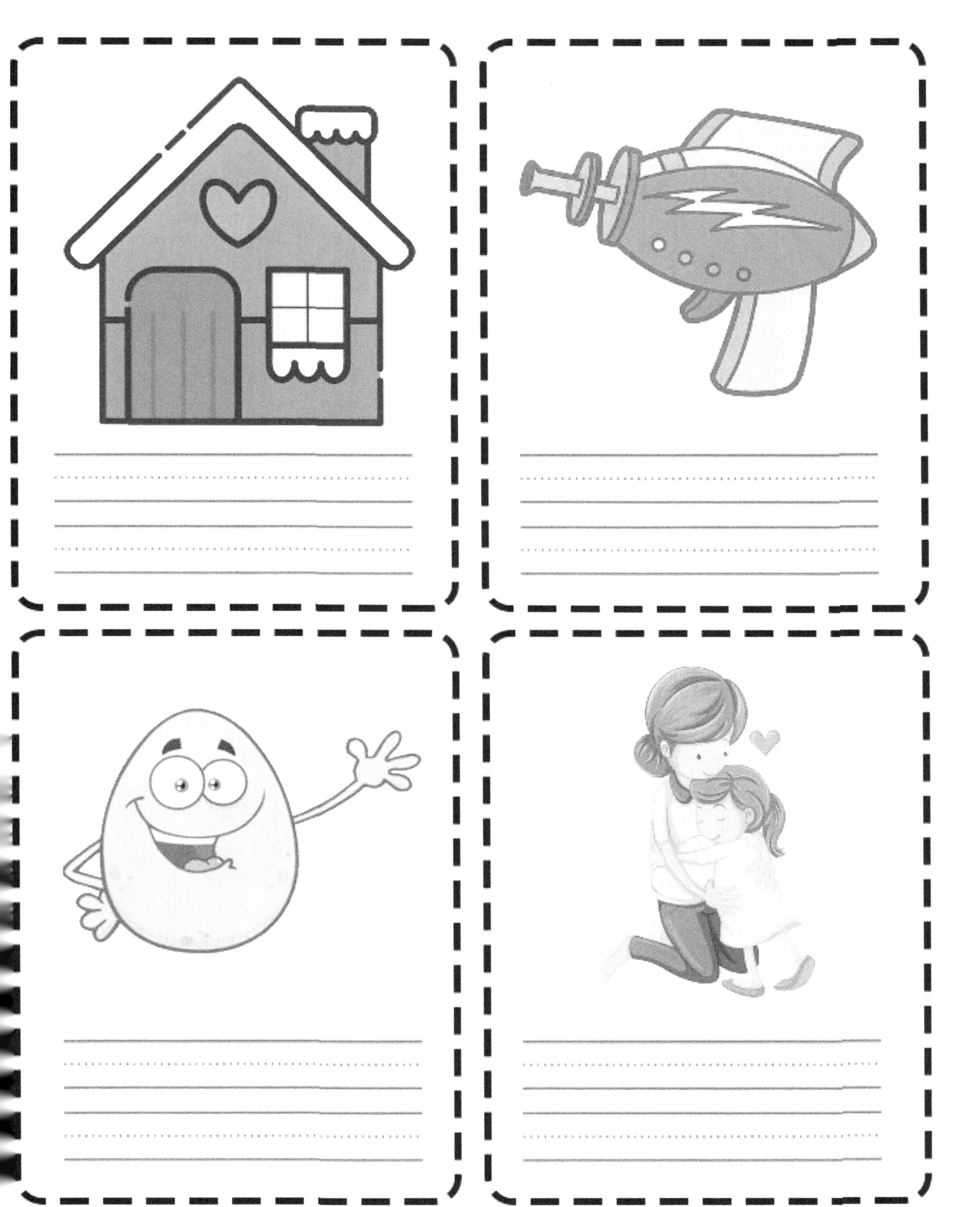

huis	geweer
집	총
ei	liefde
계란	애정

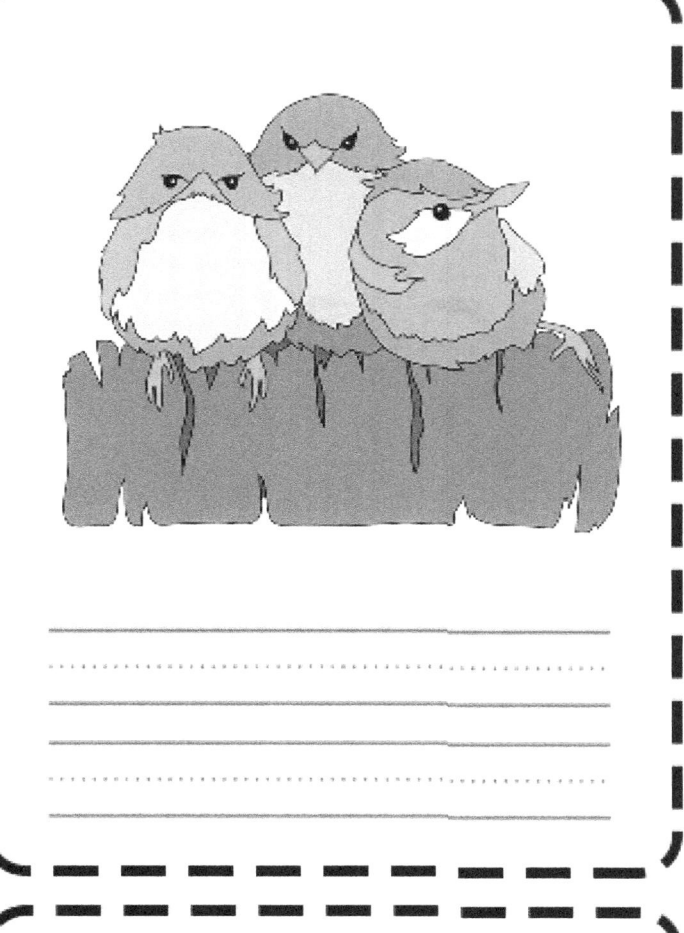

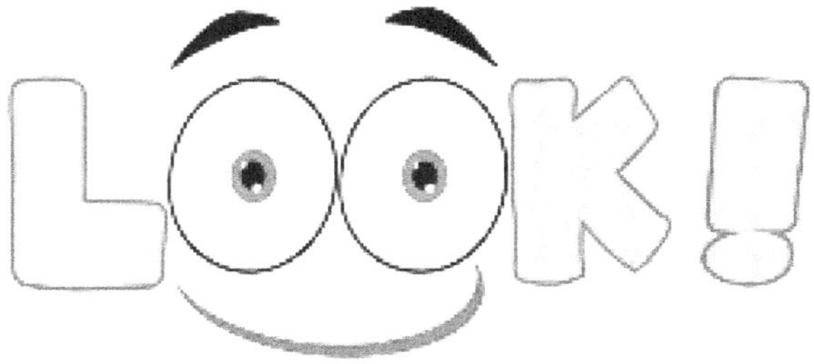
LOOK!

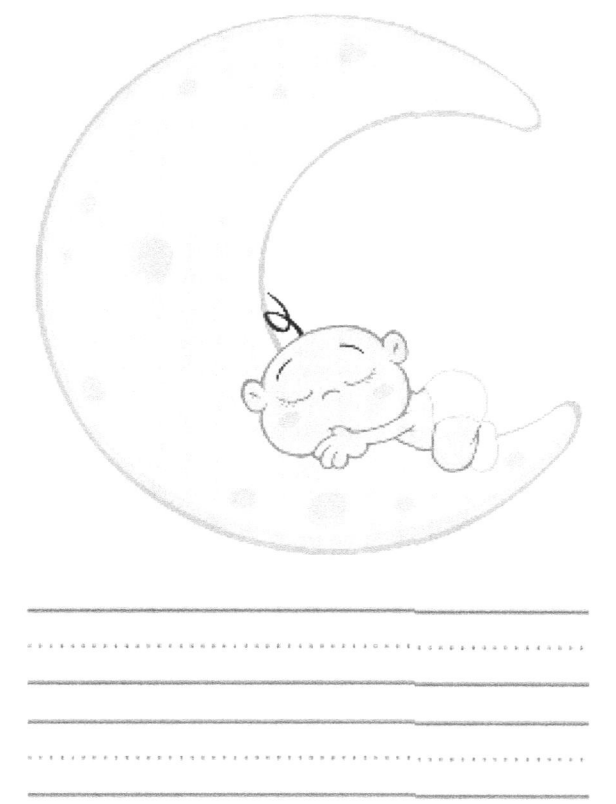

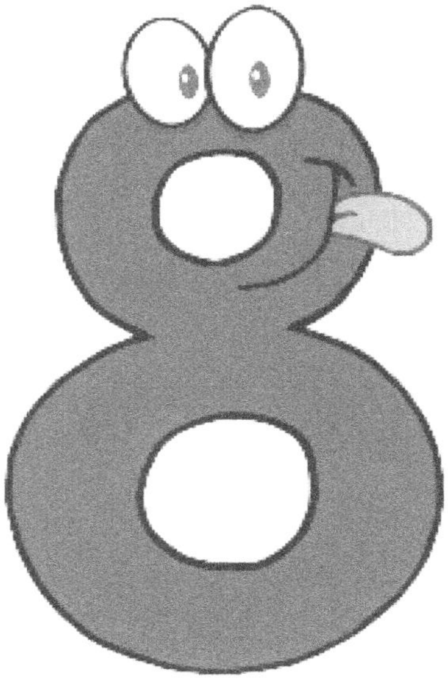

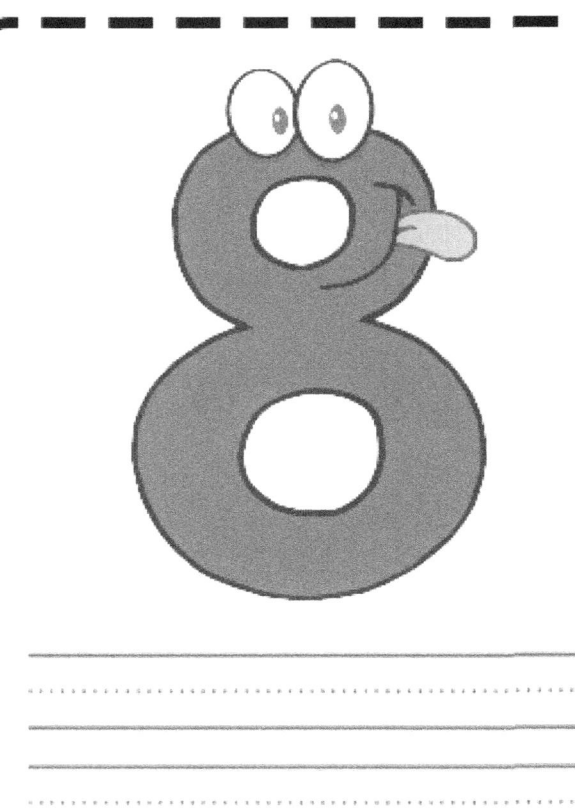

Vogelnest	**oog**
새의 둥지	눈
maan	**acht**
달	여덟

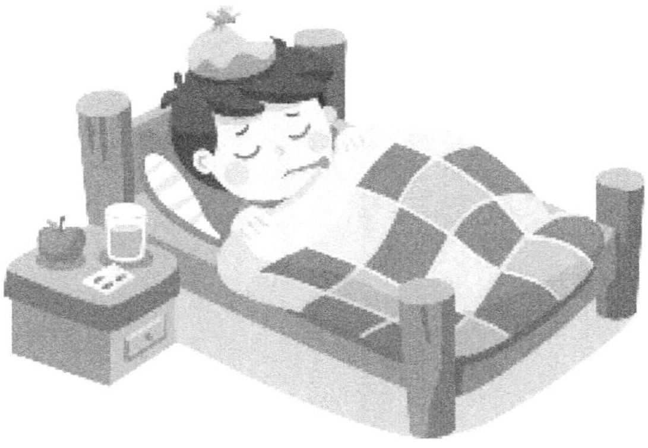

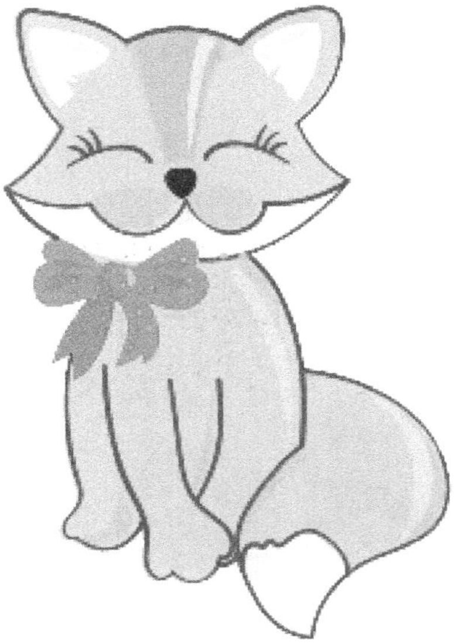

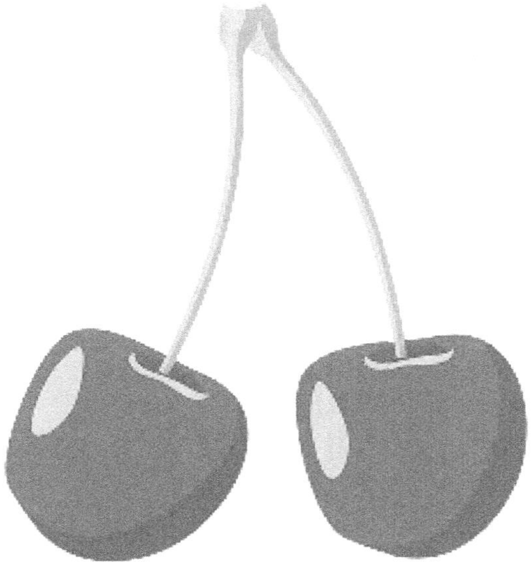

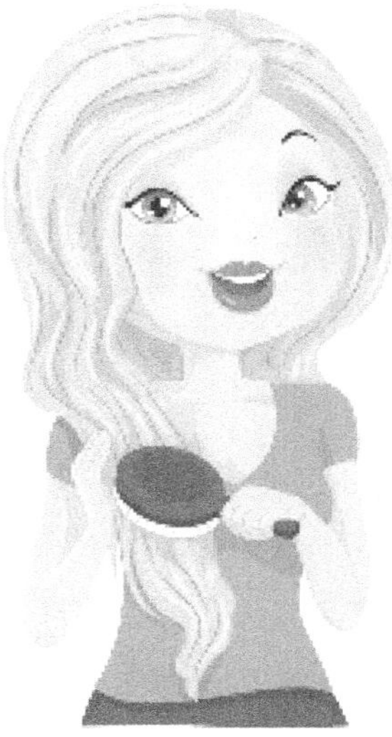

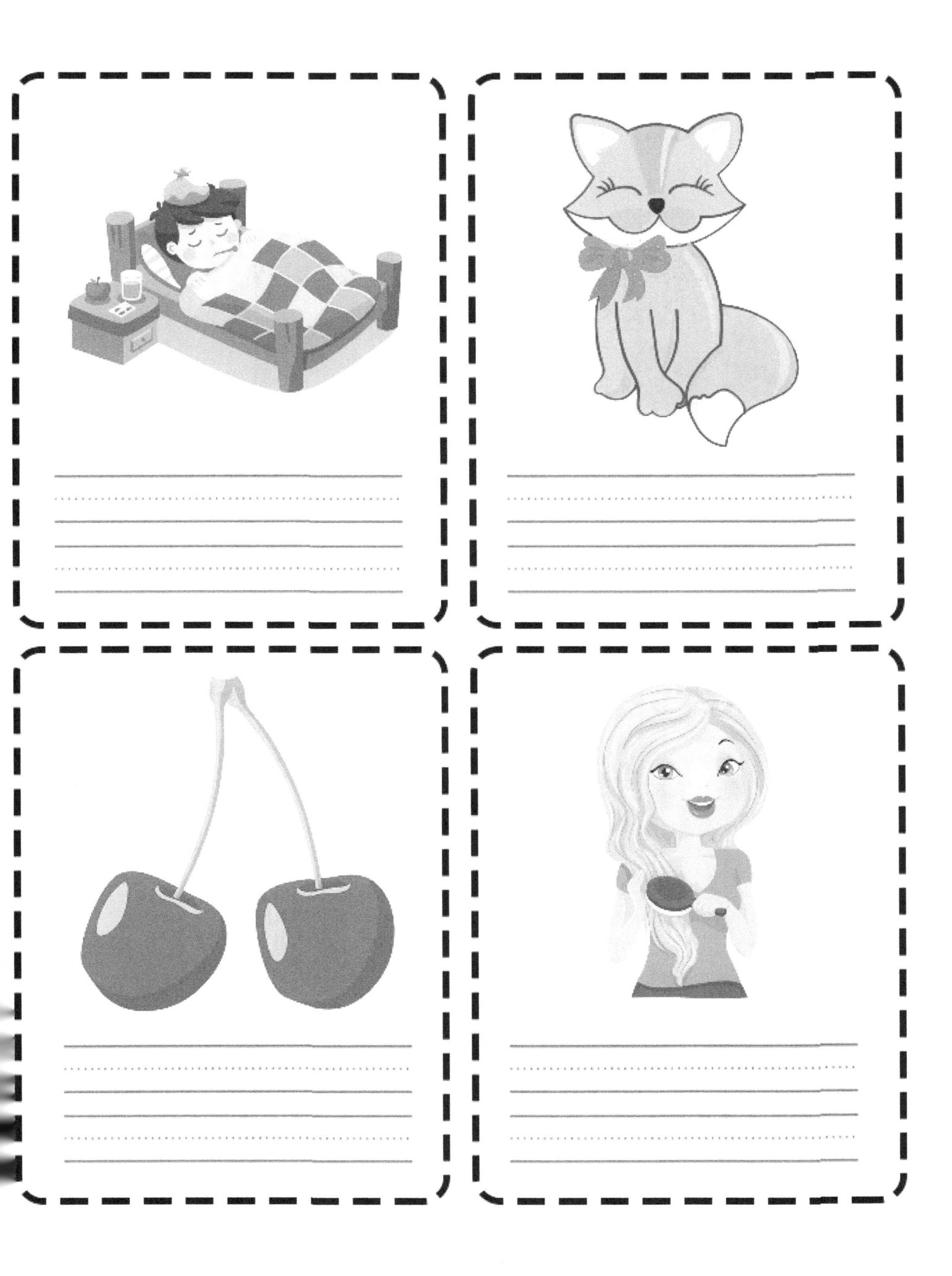

ziek 고약한	**kat** 고양이
kers- 체리	**haarlijn** 머리

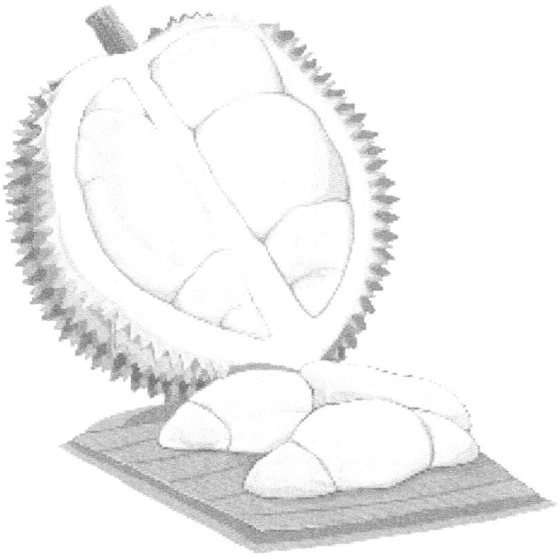
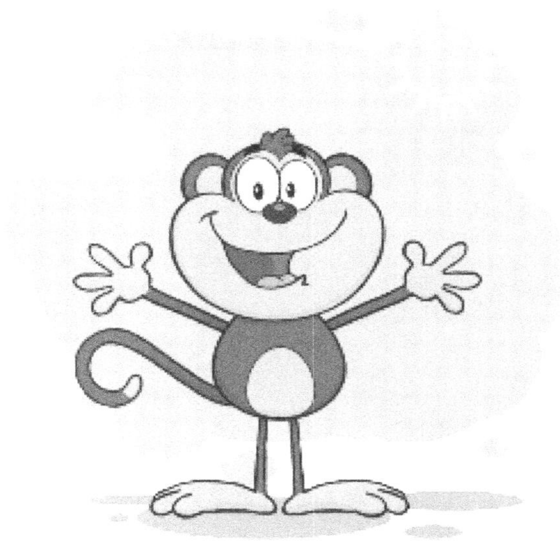
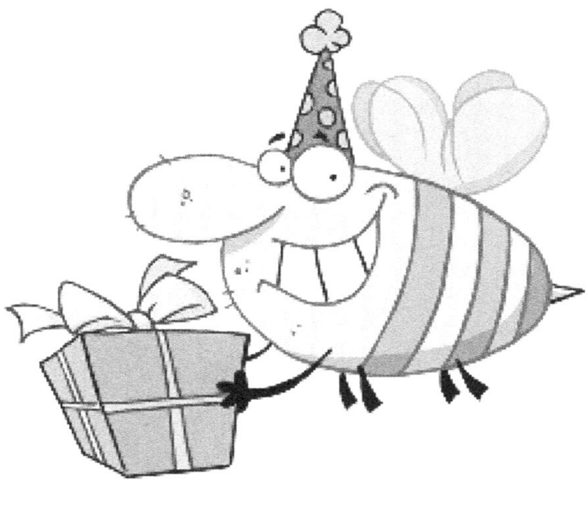

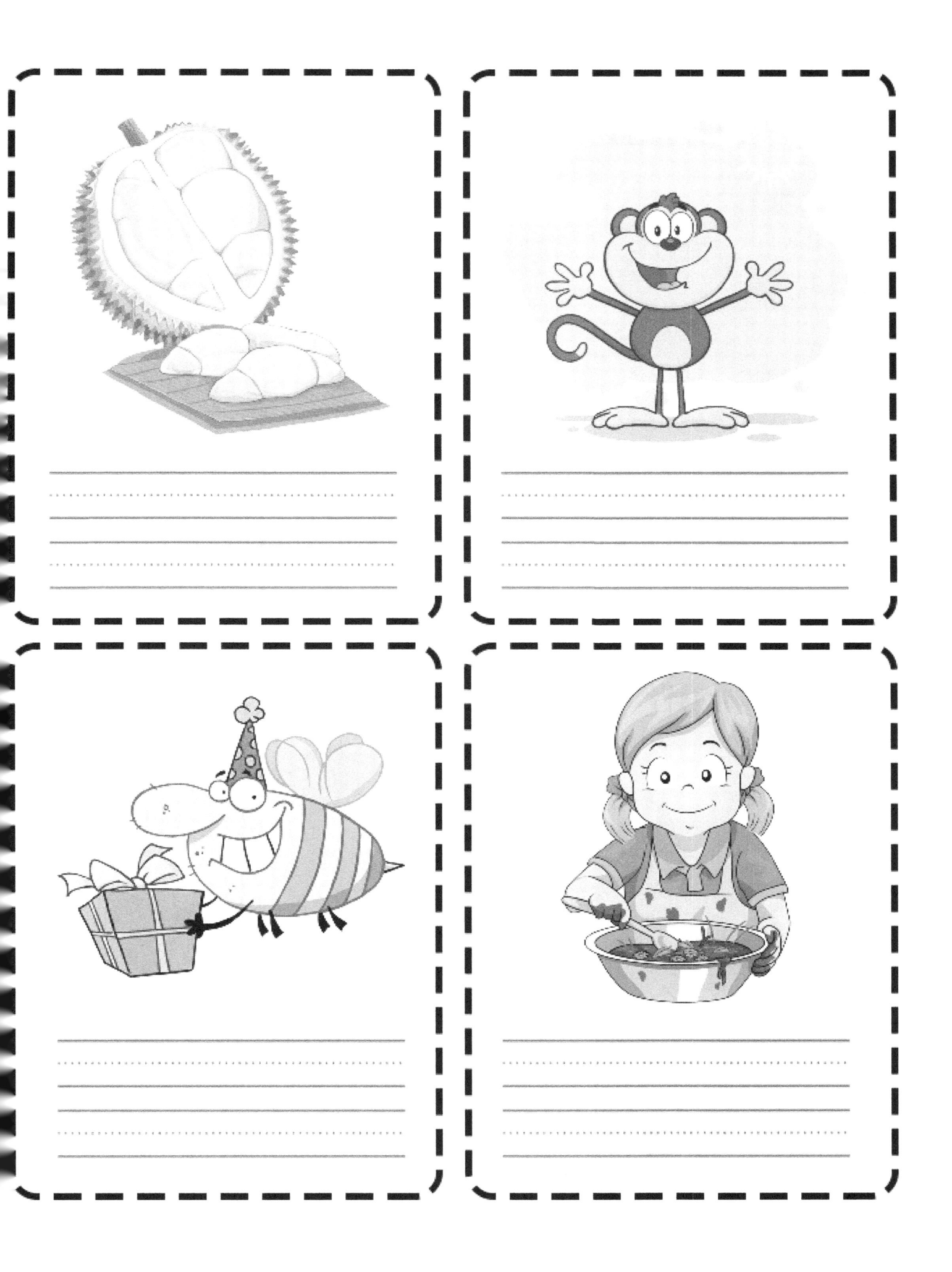

durian	aap
두리안	원숭이

gift	koken
선물	조리

yogurt

tien	yoghurt
십	요거트
ananas	geneeskunde
파인애플	의학

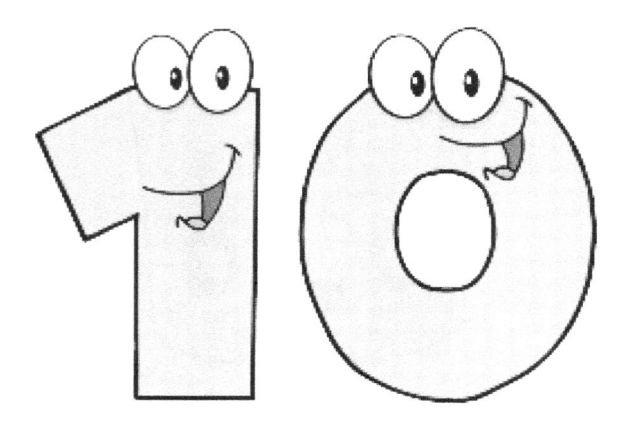

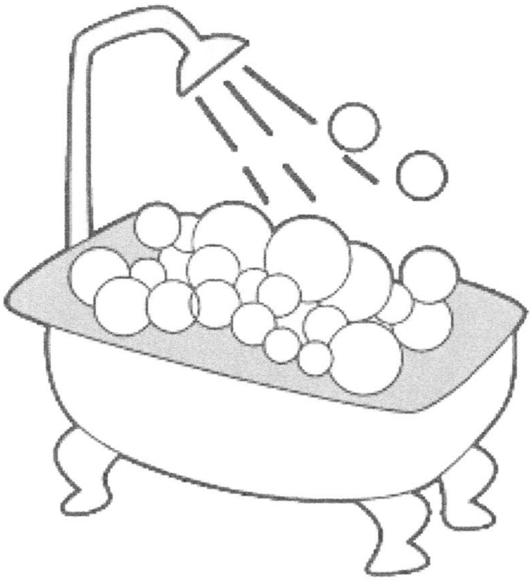

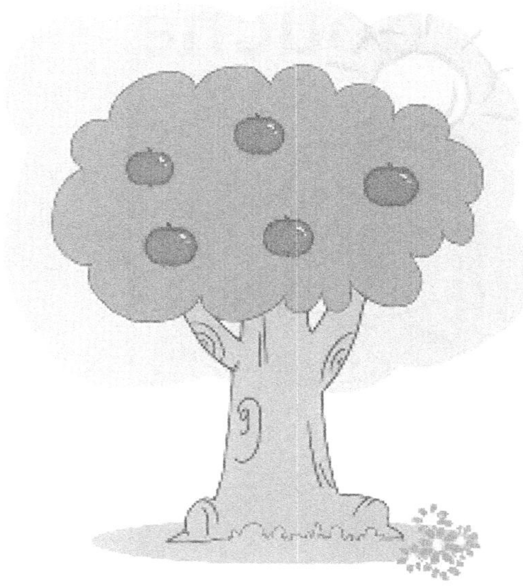

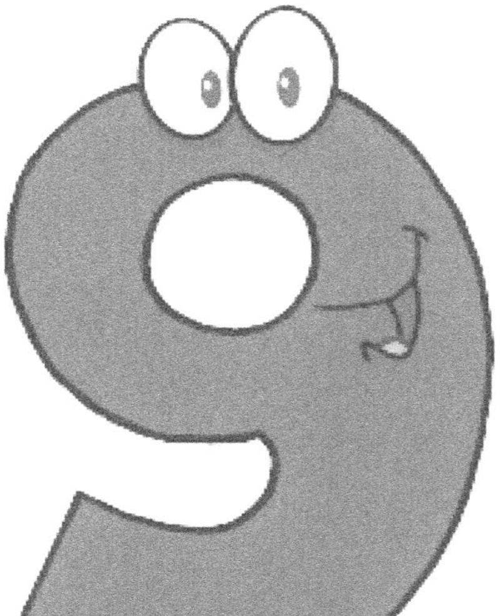

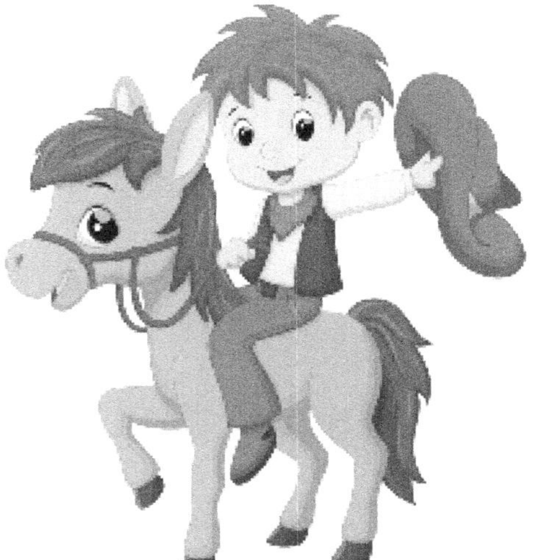

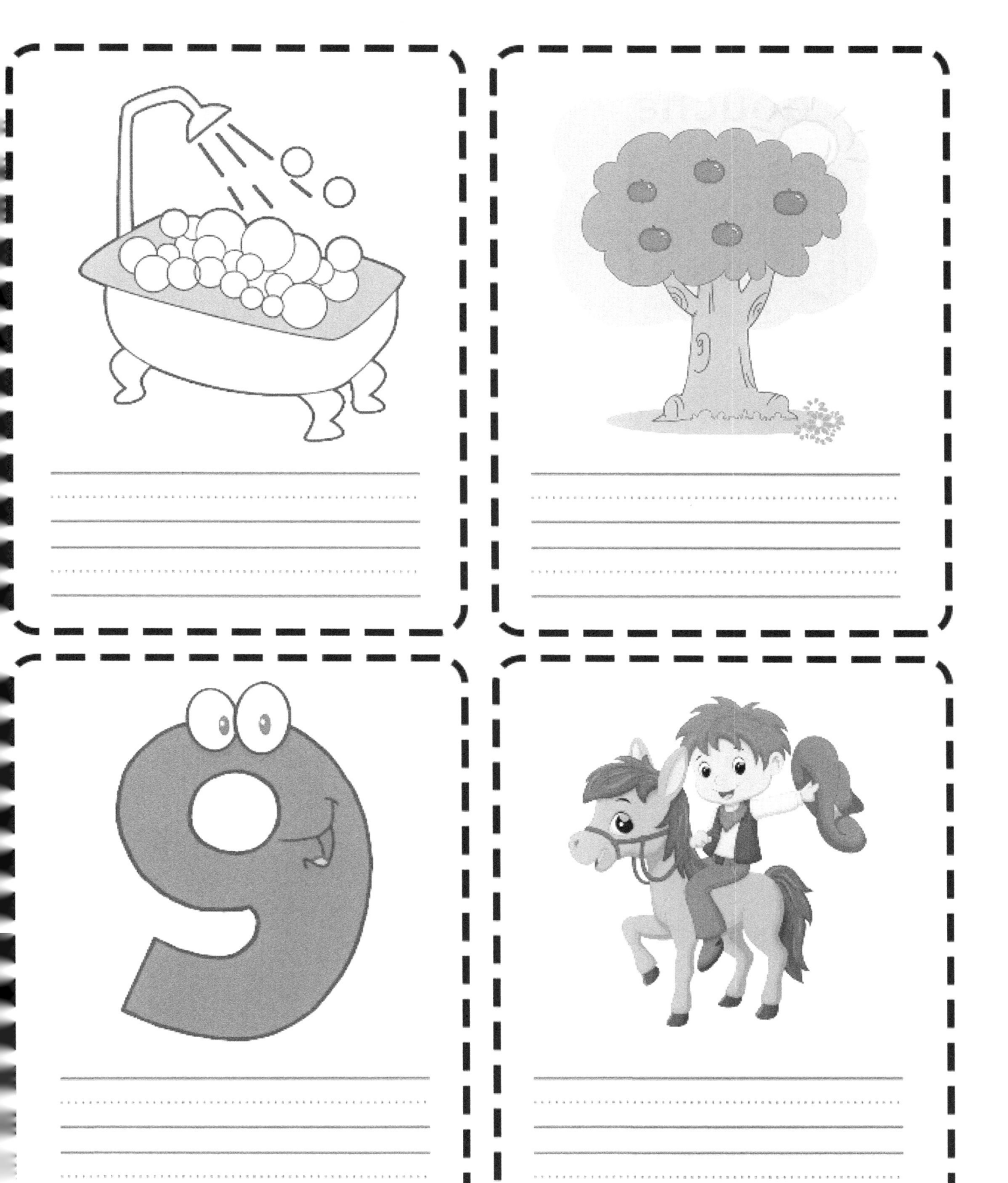

douche	boom
샤워	나무 |ннель
negen	paardrijden
아홉	승마

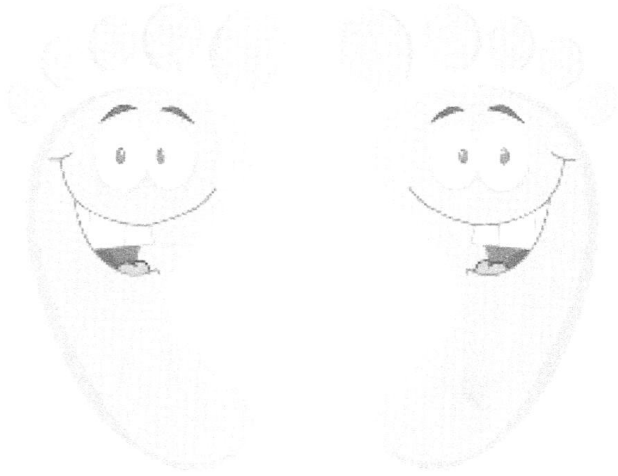

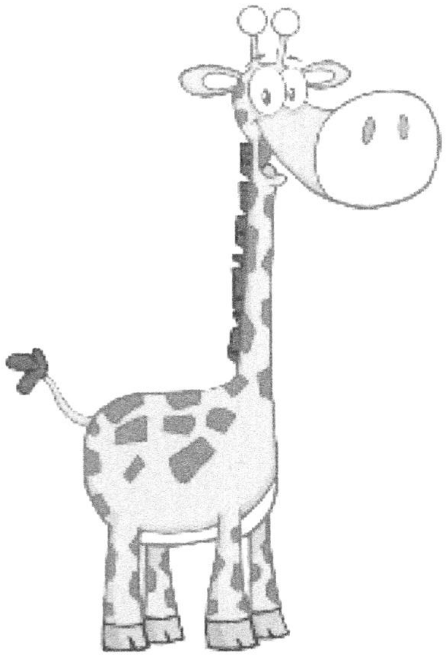

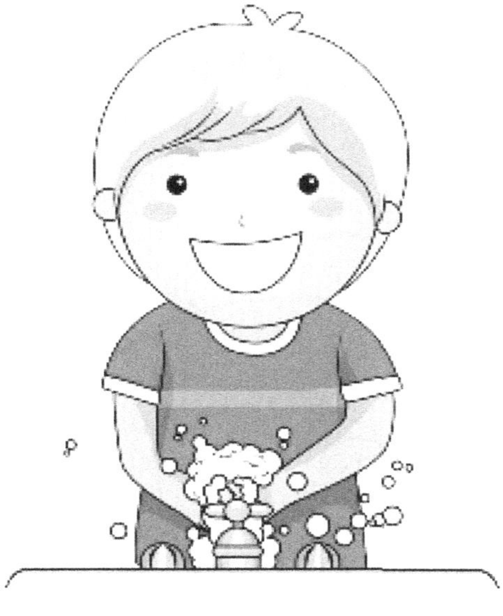

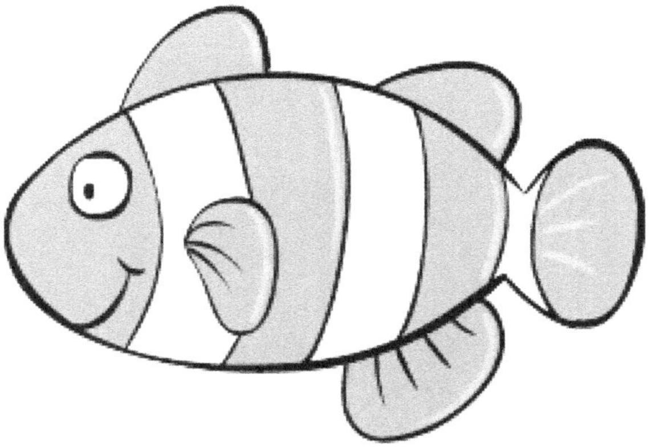

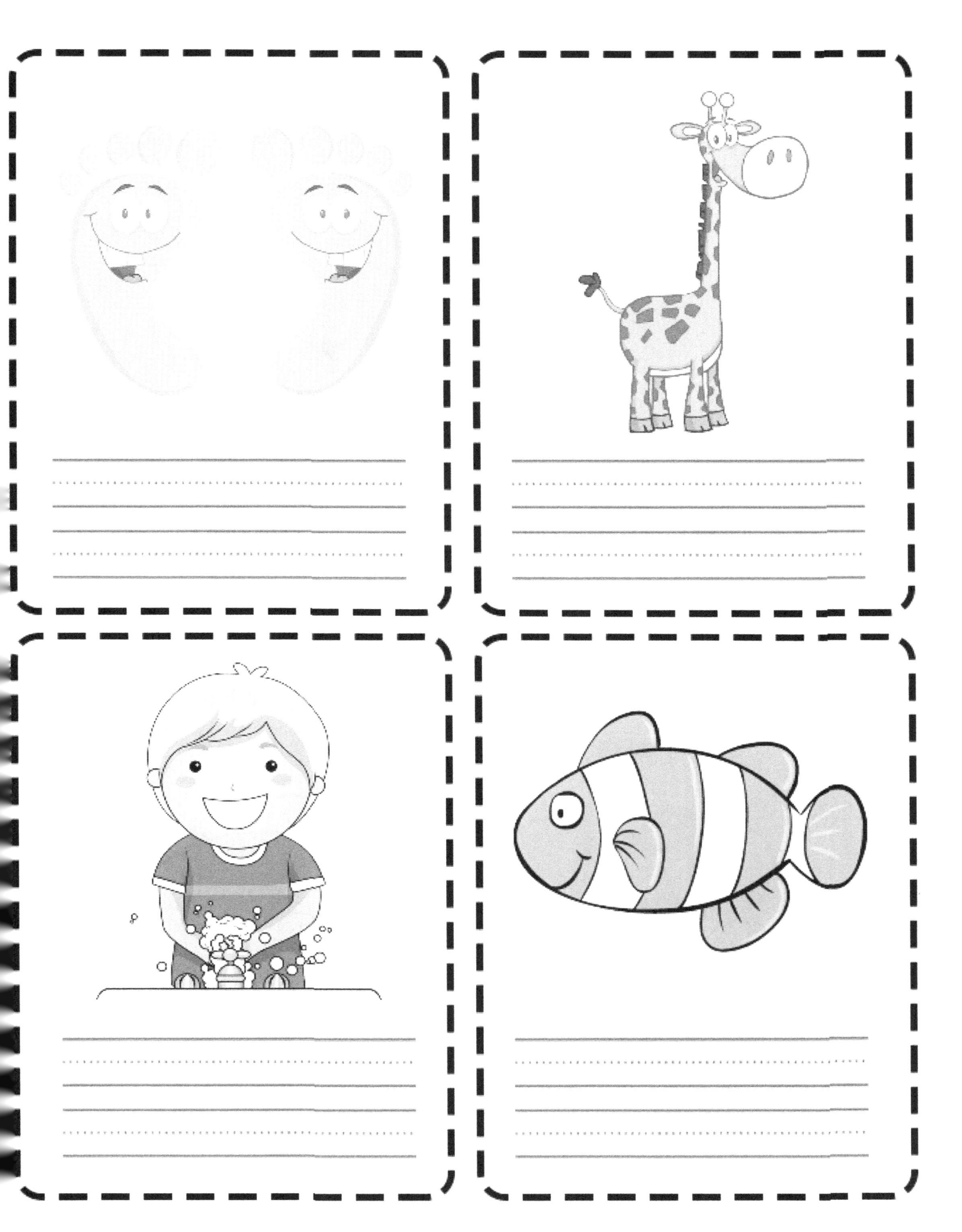

voet	giraffe
발	기린
wassen	vis
빨래	물고기

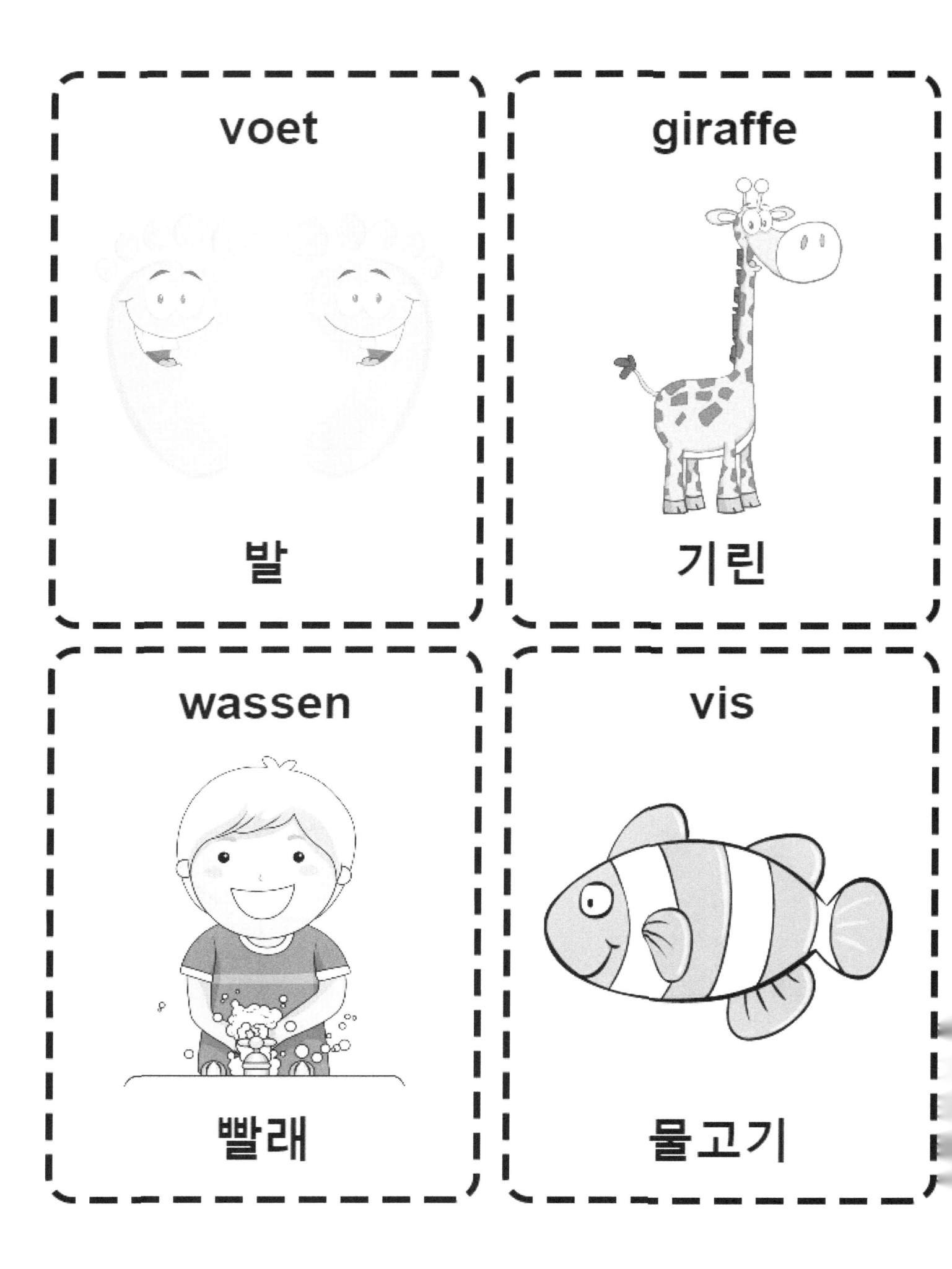

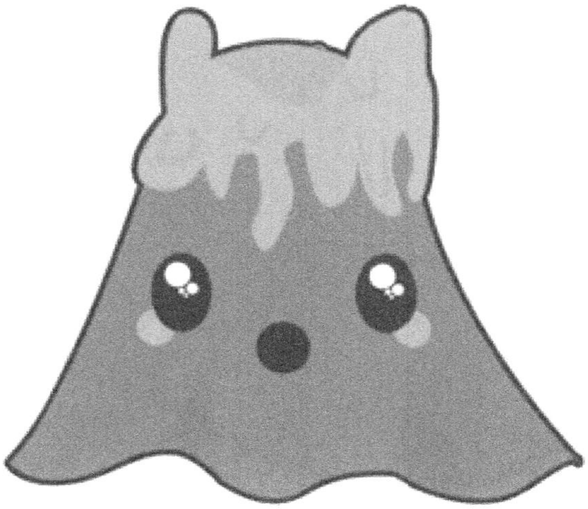

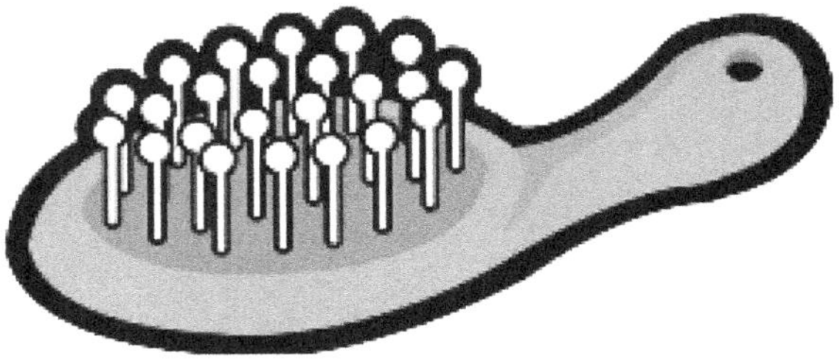

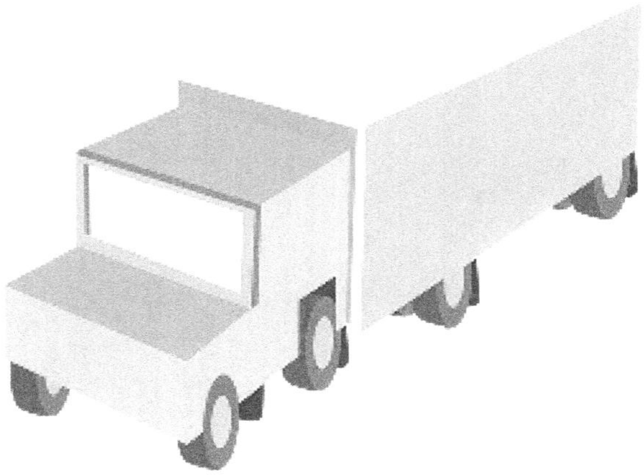

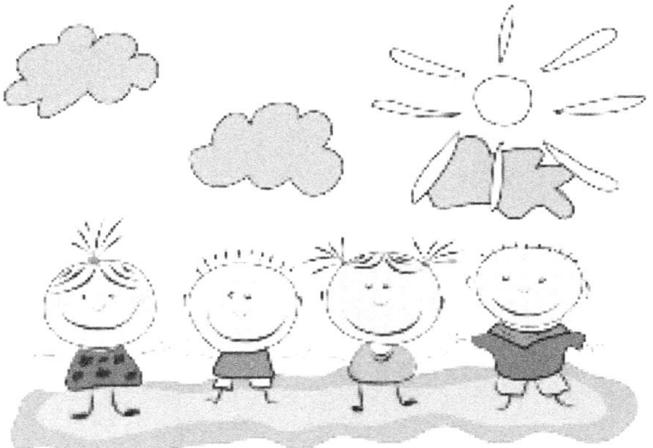

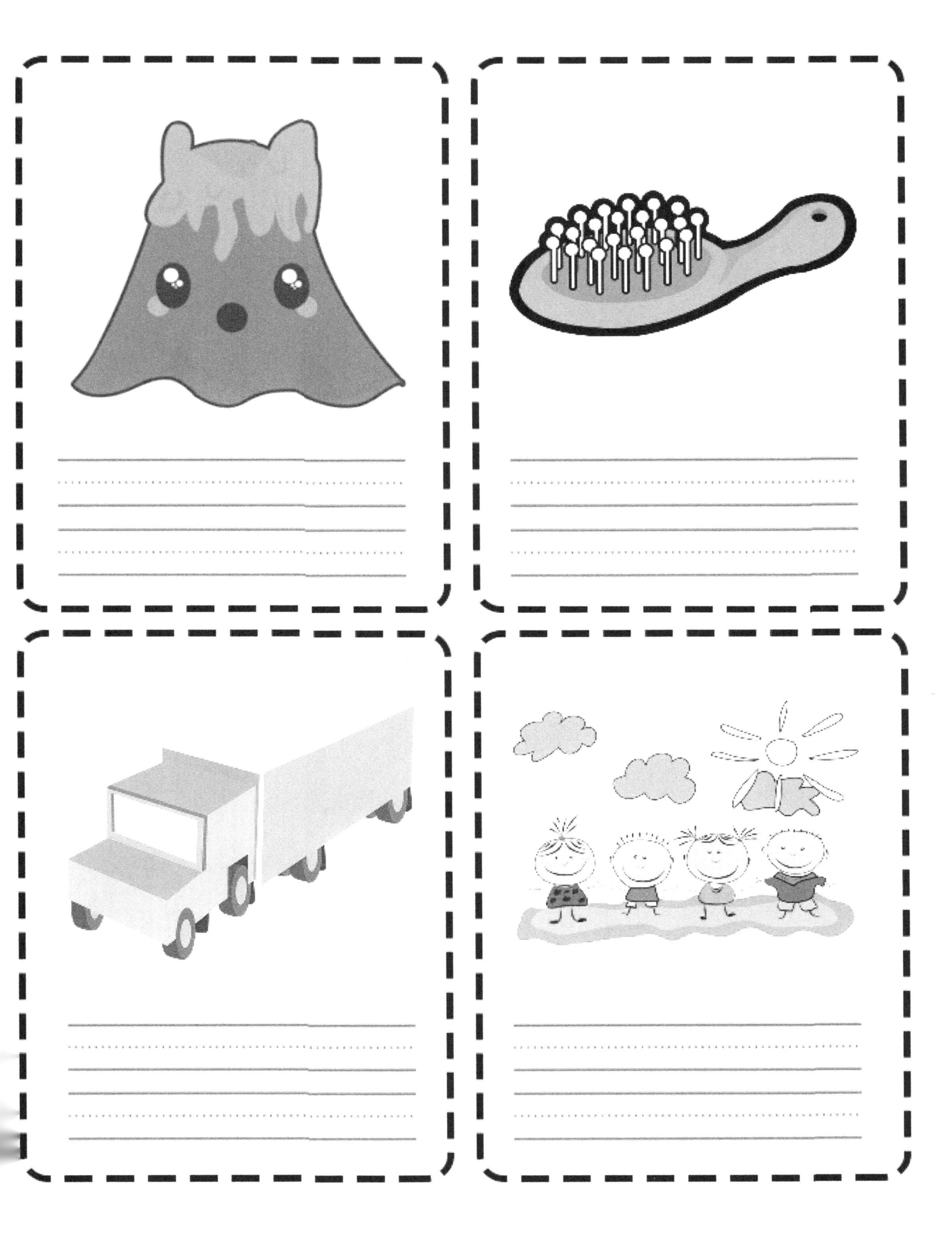

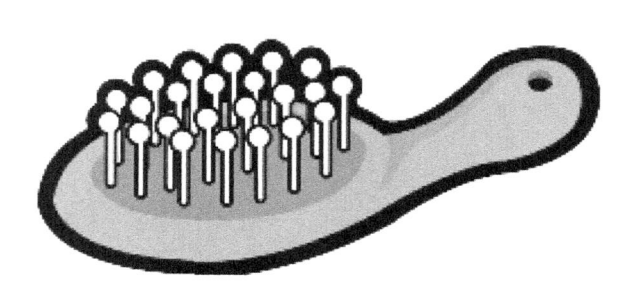

vulkaan 화산	kam 빗
vrachtauto 트럭	kinderen 어린이

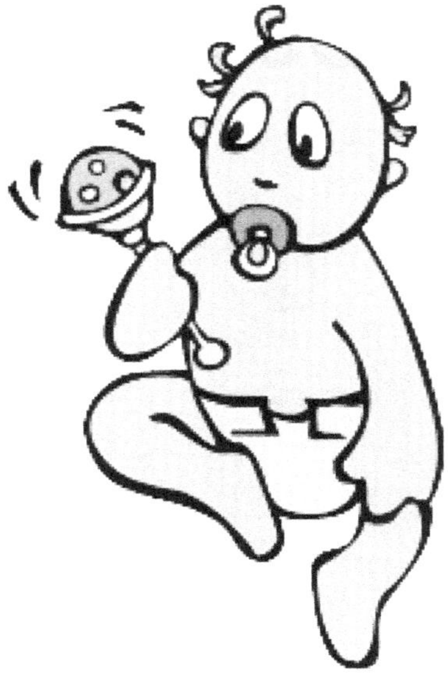
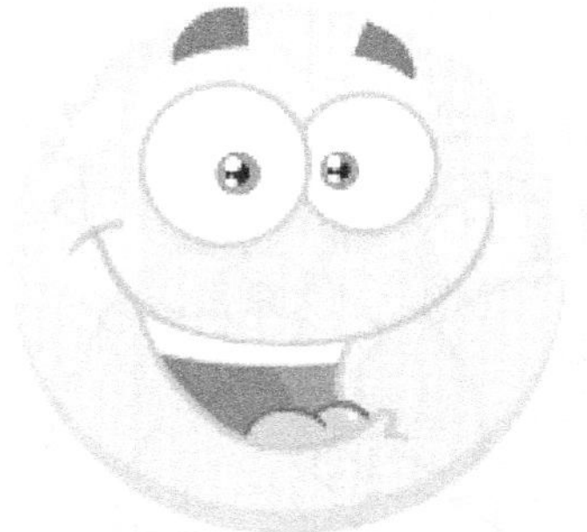
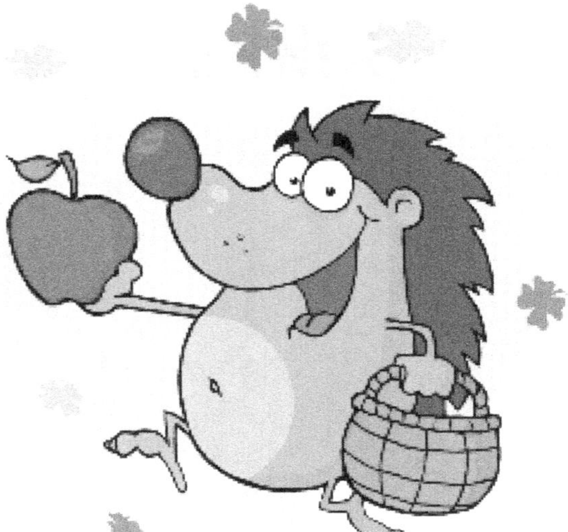
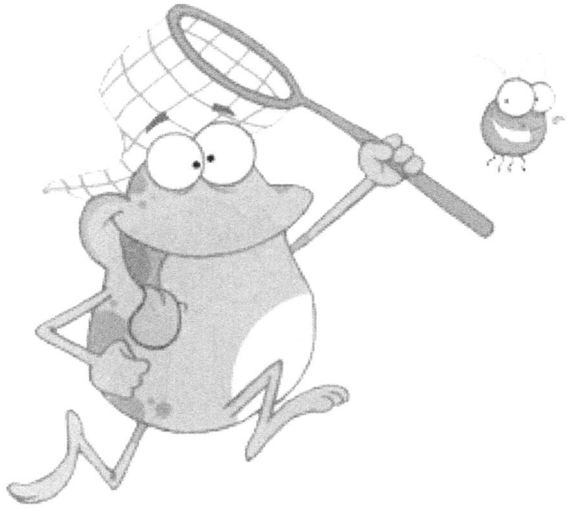

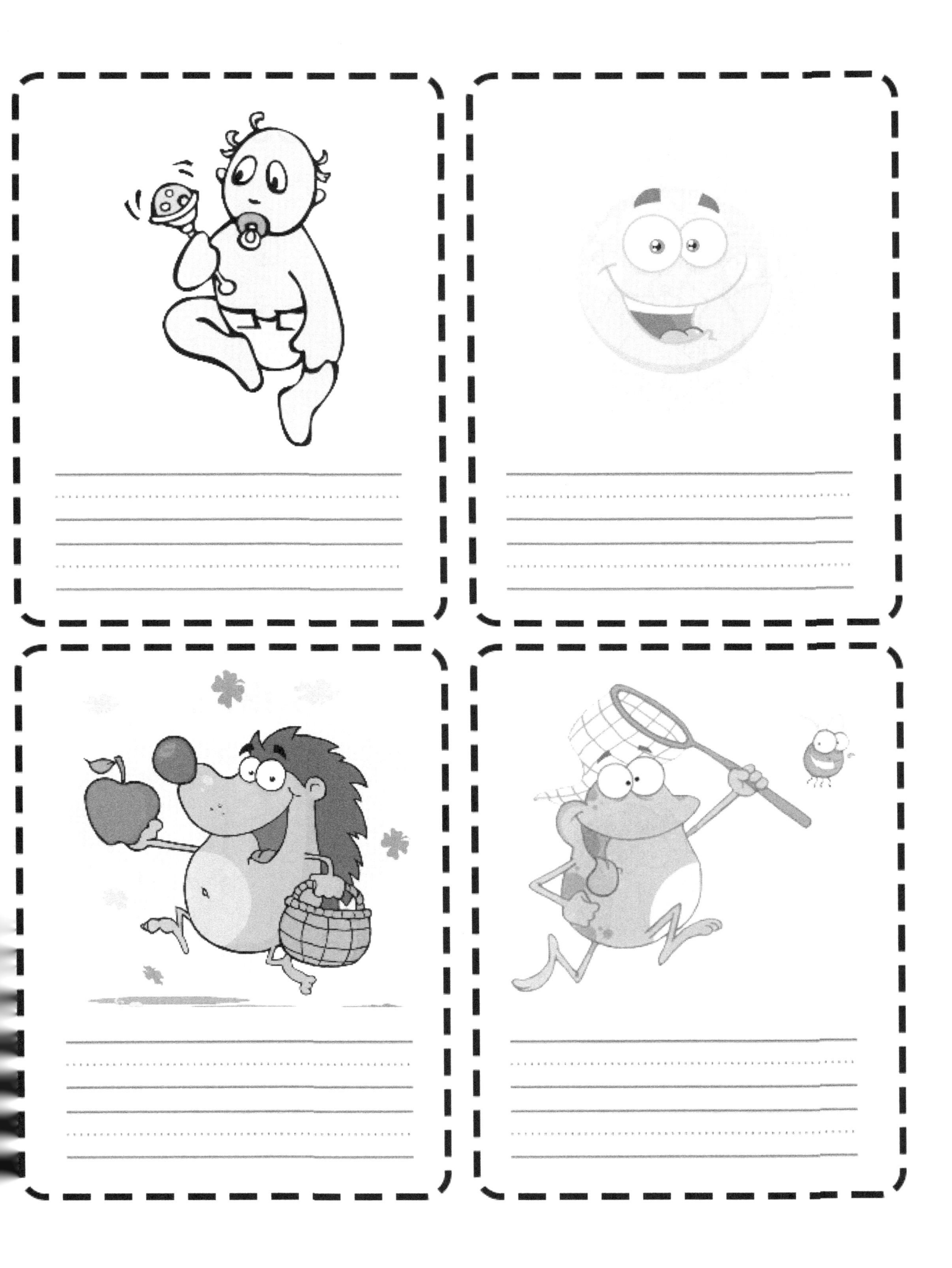

baby 아가	**De zon** 태양
egel 고슴도치	**kikker** 개구리

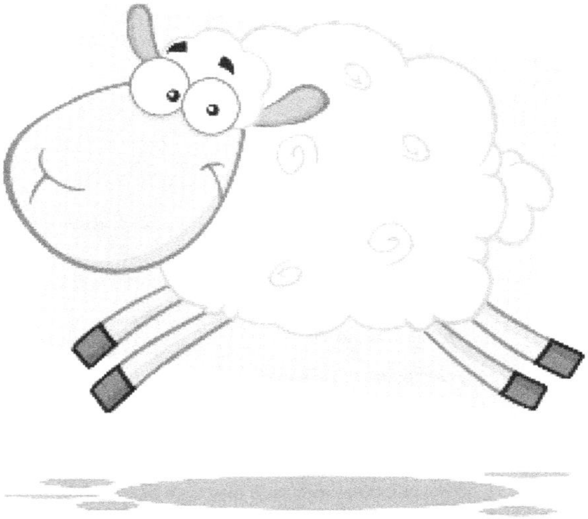

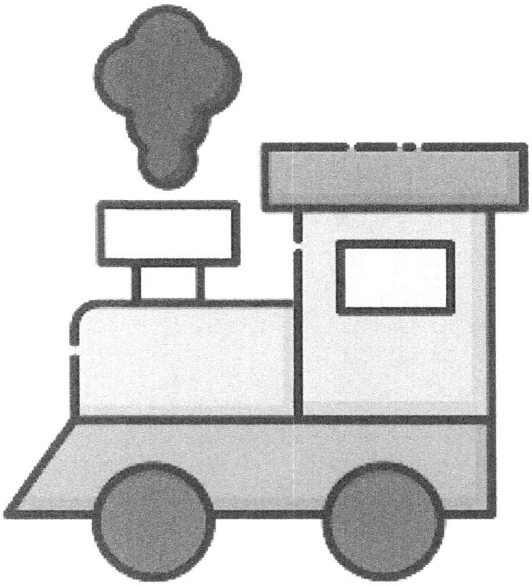

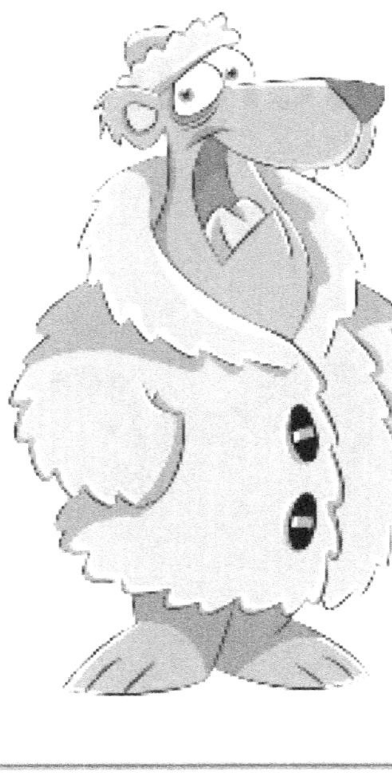

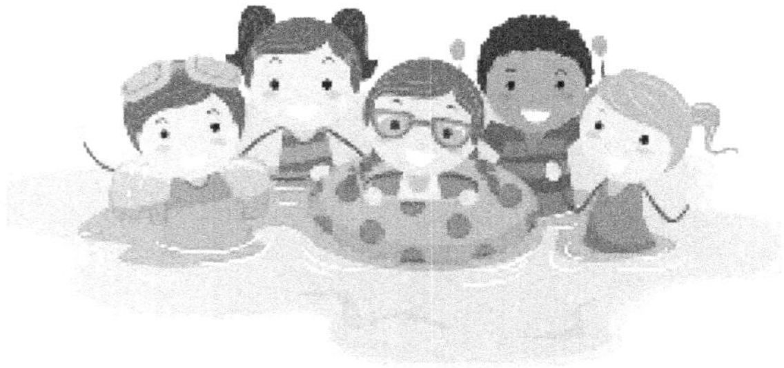

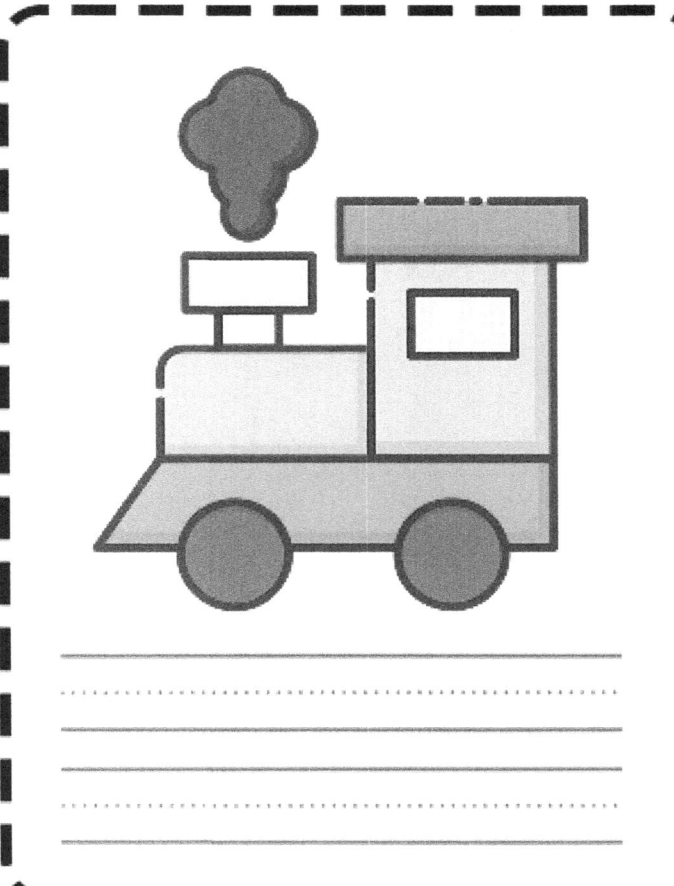

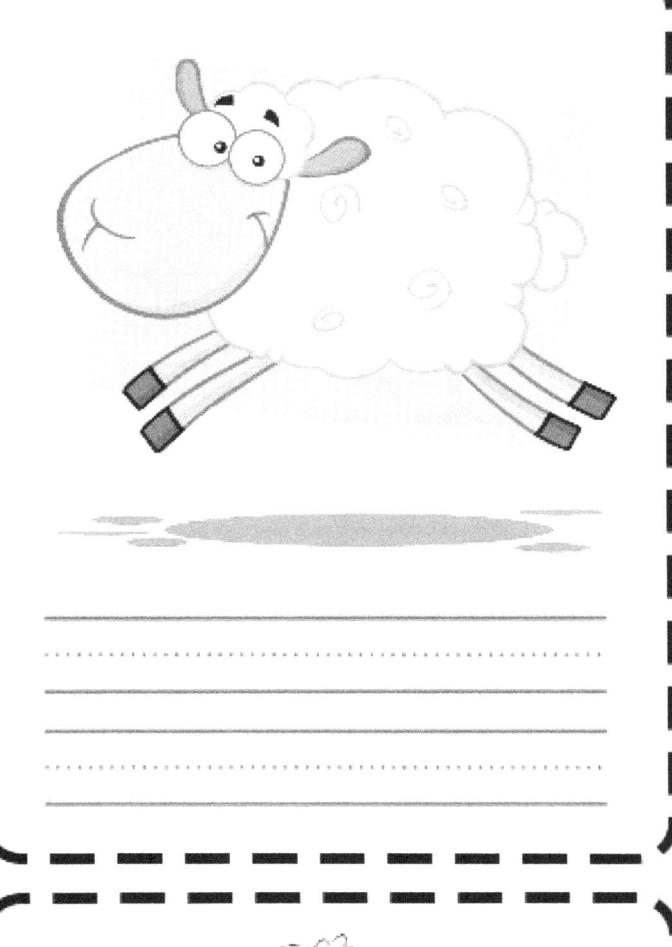

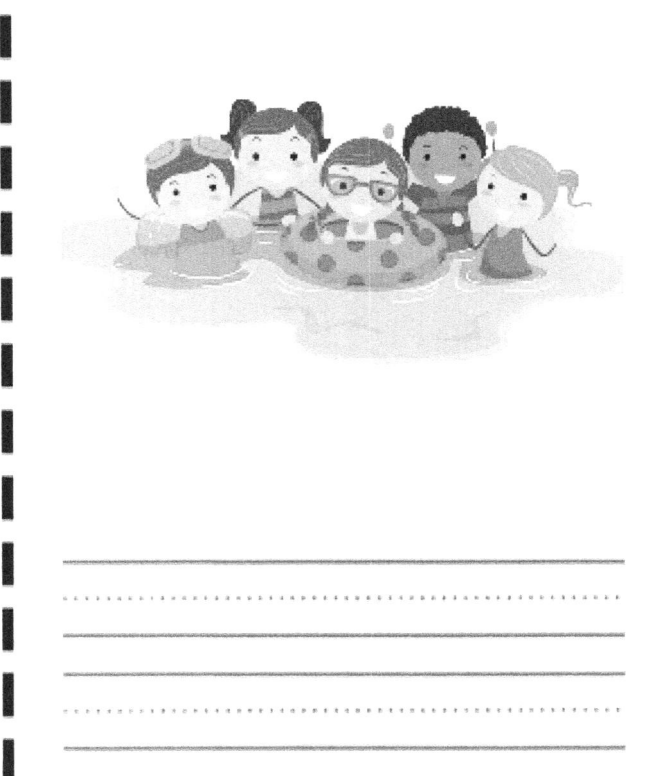

schapen 양	**trein** 기차
jas 코트	**zwemmen** 수영

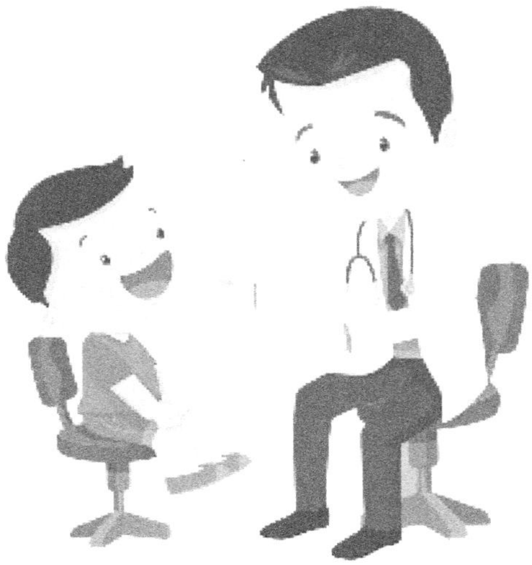

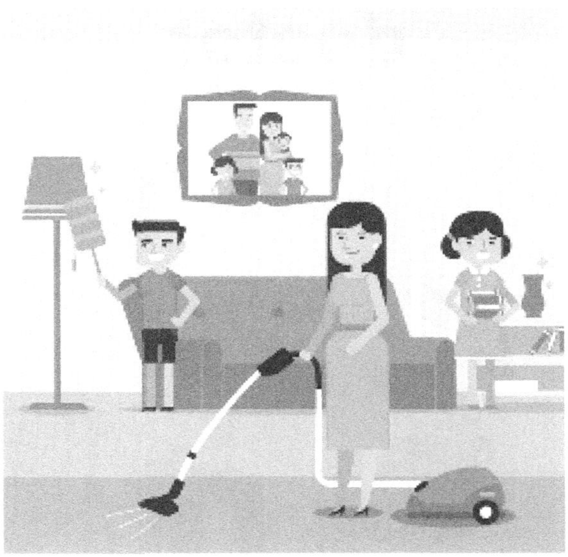

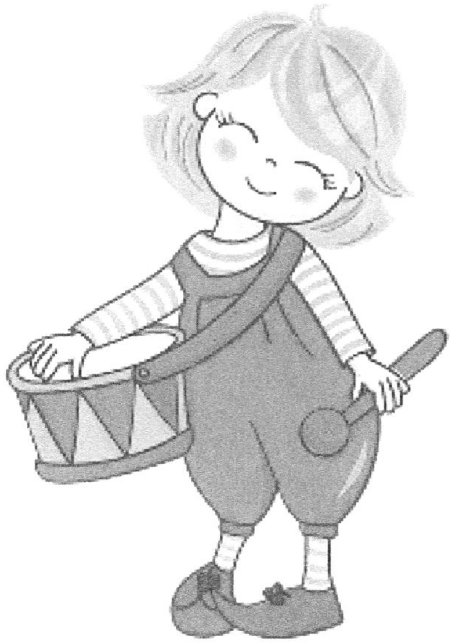

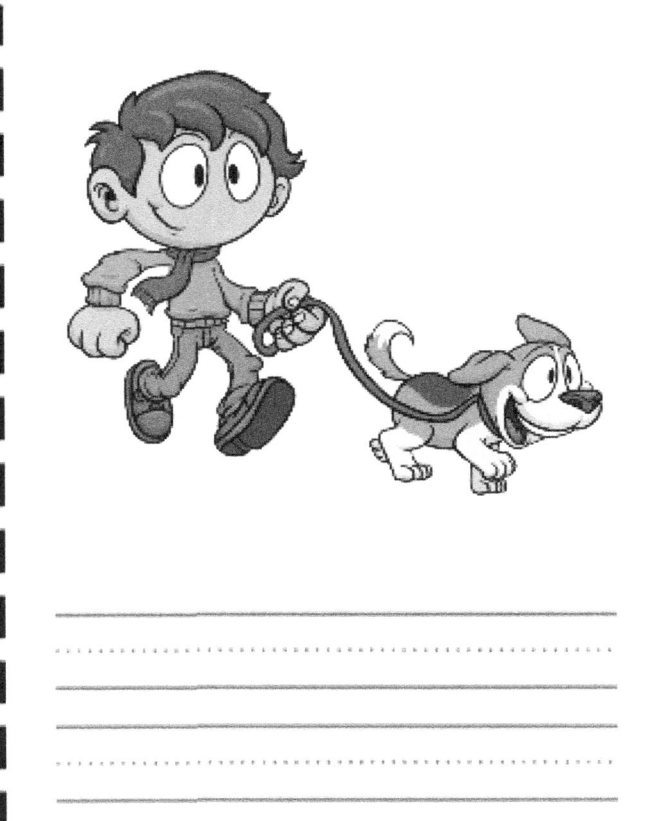

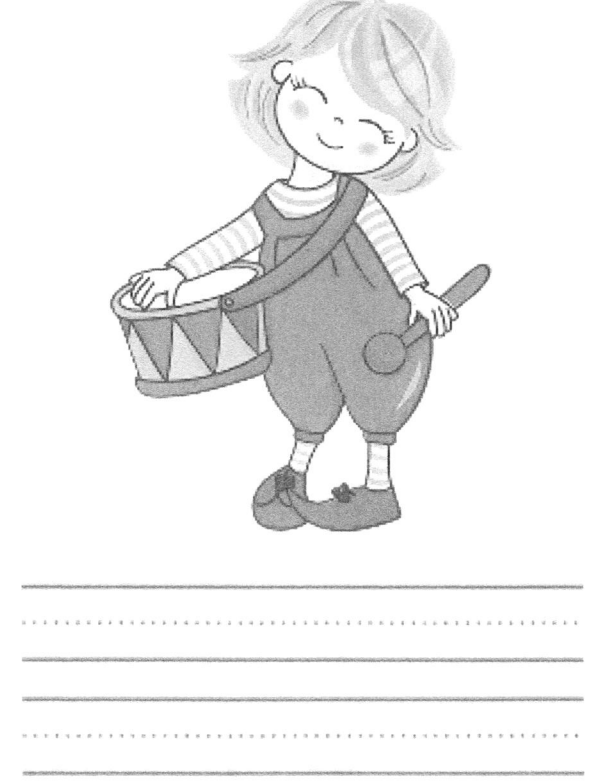

doctor 의사	**schoon** 깨끗한
meisje 소녀	**lopen** 산책

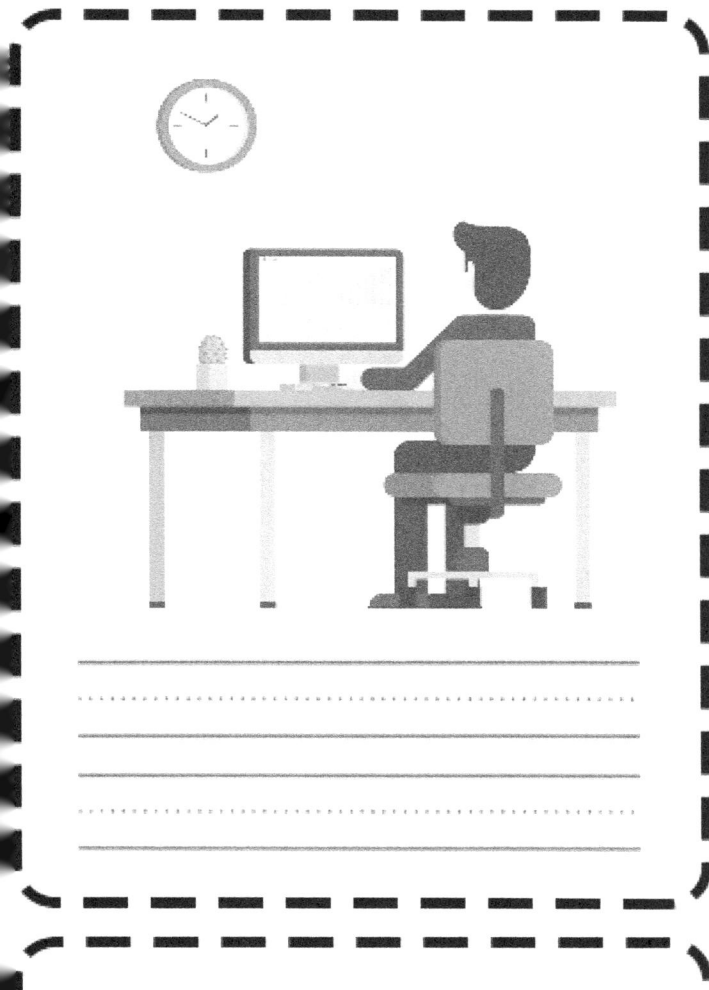

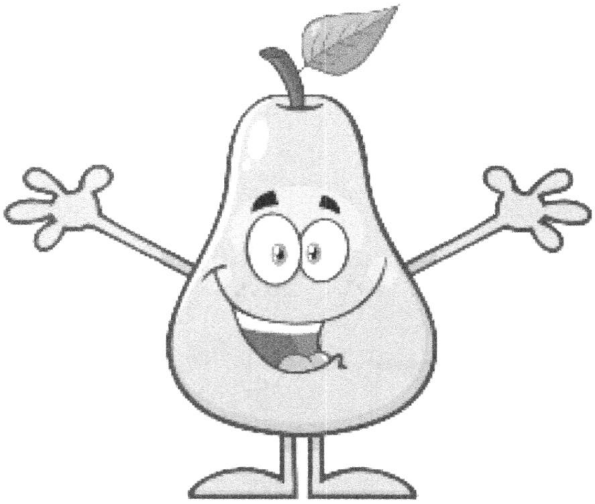

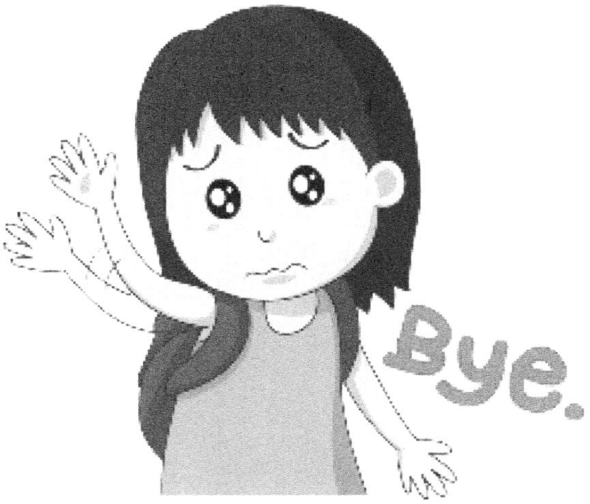
Bye.

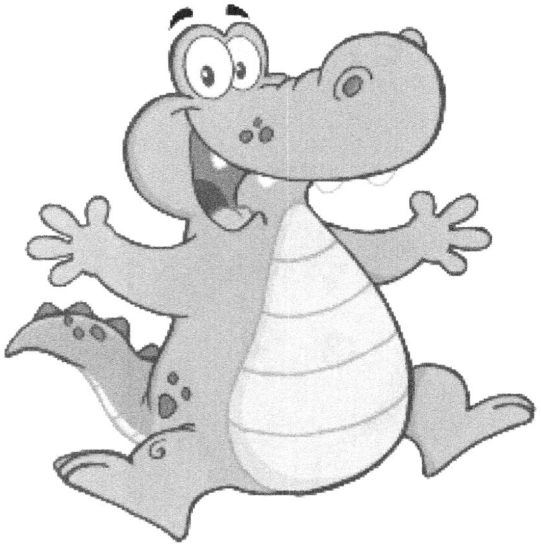

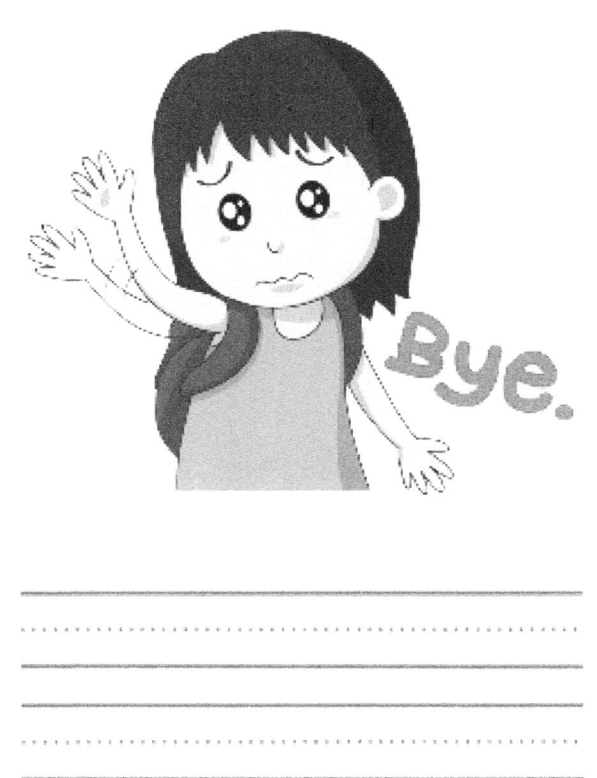

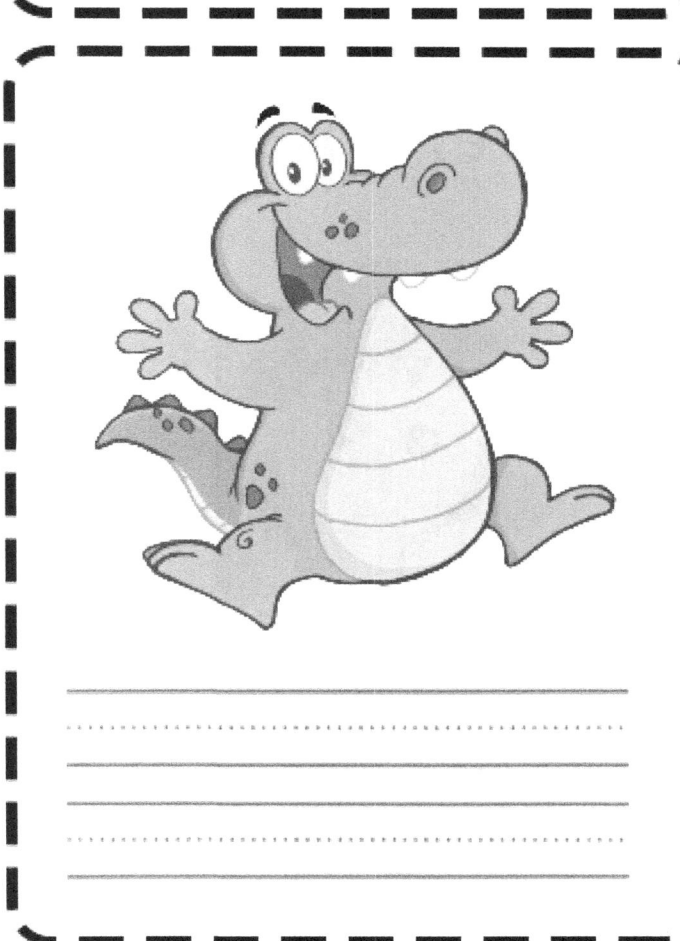

werkend	Peer
일	배 |ыш

verdrietig	alligator
슬퍼	악어

Made in the USA
Columbia, SC
16 May 2024